Bem-vinda ao clube do divórcio

CB079551

Rosaura Rodríguez

Bem-vinda ao clube do divórcio

Tradução
Maria Alzira Brum Lemos

Planeta

Copyright © Rosaura Rodríguez
c/o Guillermo Schavelzon & Asociados, Agencia Literaria
info@schavelzon.com
Título original: Bienvenida al club (del divorcio)

Capa: Renata Milan
Imagem de capa: Image source / Latin Stock
Revisão: Fátima Couto
Projeto de miolo e diagramação: Gustavo Abumrad

Dados Internacionais de Catalogação na Publicação (CIP)
(Câmara Brasileira do Livro, SP, Brasil)

Rodríguez, Rosaura
Bem-vinda ao clube do divórcio / Rosaura Rodríguez ; tradução Maria Alzira Brum Lemos. — São Paulo: Editora Planeta do Brasil, 2007.

Título original: Bienvenida al club (del divorcio).
ISBN 978-85-7665-305-9

1. Casamento 2. Divórcio 3. Separação (Direito) I. Título.

07-4357 CDD-306.89

Índices para catálogo sistemático:
1. Divórcio : Aspectos sociais 306.89
2. Separação : Aspectos sociais 306.89

2007
Todos os direitos desta edição reservados à
Editora Planeta do Brasil Ltda.
Avenida Francisco Matarazzo, 1500 — 3º andar — conj. 32B
Edifício New York
05001-100 — São Paulo-SP
www.editoraplaneta.com.br
vendas@editoraplaneta.com.br

Sumário

Capítulo 1

Uma questão de cerimônias

Assim, sem marcha divorcial, sem vestido especial para a ocasião, sem flores, sem felicitações, sem familiares nem amigos? Estas eram apenas algumas das perguntas que se amontoavam na minha cabeça enquanto a advogada me explicava o procedimento de um divórcio. O meu divórcio. Não conseguia parar de pensar em todos os preparativos que a minha mãe teve que realizar para o acontecimento mais esperado da vida de uma mulher: casar.

Eu não conseguia entender e tentava desesperadamente achar o momento em que tudo terminou. Como, quando e por que eram incógnitas que me sufocavam sem que eu conseguisse responder. Para onde foi o amor? O que aconteceu com aquela frase que dizia: "até que a morte os separe"? Definitivamente, alguém me enganou, tinham me dado gato por lebre, e eu não sabia se culpava a vida, a sociedade que inventou uma instituição chamada casamento ou o amor, que decidiu ir embora sem aviso prévio.

Não sei por quê, mas quando penso na ruptura, não consigo deixar de me lembrar de quando a minha mãe, depois da minha festa de casamento, fez a gentileza de me levar ao hotel onde o meu recém-marido estava me esperando. Provavelmente porque me pareceu irreal que, depois de tantos anos ouvindo a minha mãe e as freiras carmelitas dizendo como era errado dormir com um homem, de repente, a minha própria progenitora estivesse me levando para os braços do pecado. Um pecado que se transformou em bênção pelo simples fato de que um homem vestido de batina nos declarou marido e mulher.

Também voltava à minha memória, como um aviso, o famoso curso pré-nupcial. Com o padre fazendo o batido sermão sobre a importância do passo que íamos dar, como deveríamos ser pacientes, as vezes que teríamos que ceder e agüentar para que a relação durasse por toda a vida. E o advogado com cara de padre que estava ali para nos informar sobre os nossos direitos e falar sobre a parte legal e prática do casamento. Naquele momento, achei de muito mau gosto envolver um advogado num fato tão bonito como unir minha vida à do homem amado. Sua presença não tinha nada que ver com o momento que eu estava vivendo. Eu não precisava saber de direitos nem de coisas legais quando por fim tinha encontrado o homem dos meus sonhos. Eu me sentia imune a todo aquele palavrório. Quando ele mencionou a palavra divórcio, senti que estava faltando com o respeito ao meu amor e pensei que aquele homem definitivamente tinha se enganado de público. Isso nunca ia acontecer conosco, porque nós nos amávamos e tínhamos certeza de que queríamos passar o resto da vida juntos. Isso acontecia com outros casais, aqueles que talvez não se amassem tanto quanto acreditavam ou que não eram, como eu e ele, feitos um para o outro.

Mas então, o que eu estava fazendo ali? Quando tinha chegado a esse ponto? Não sei, mas estava de fato arrependida de não ter prestado um pouco mais de atenção ao advogado, que, afinal, só pretendia nos advertir sobre a possibilidade de algum dia solicitarmos os serviços de um dos seus colegas, e não exatamente para consolidar nossa união. Sentada ali, no escritório da advogada, eu não conseguia acreditar no que os meus ouvidos estavam ouvindo e começava a entender que todo casamento é um divórcio em potencial. Parecia um pesadelo do qual eu era apenas a espectadora. Como se nada daquilo que estava acontecendo tivesse que ver comigo.

— Quanto tempo vai durar o processo? Vai demorar muito? — Não me atrevia a mencionar a palavra maldita. Preferia pensar que era qualquer outro tipo de transação: um empréstimo, a compra de uma casa. Afinal, eu estava nervosa do mesmo jeito.

— Bom, depois que vocês entrarem em acordo, é rápido. Vocês não têm filhos, que é o que, em geral, complica as coisas. Calculo que entre duas e três semanas, o tempo necessário para enviar os papéis ao juiz e para ele marcar a data da dissolução do casamento.

Esta última frase parecia instrução de receita, como dissolver açúcar em um copo de água.

Eu tinha levado módicos 22 anos para encontrar a pessoa supostamente adequada e mais dois anos para me acertar na vida e tomar a decisão de casar. Ela levaria apenas duas semanas para usar o dissolvente.

— Terei que estar presente no dia da sentença?

— Um dos dois tem que estar, eu só posso representar um de vocês. Tudo depende de como as coisas estão, porque você pode decidir, se a situação ficar feia, contratar outro advogado; isso no caso de vocês não chegarem a um acordo.

"Que bom!", pensei, "a coisa ainda não está *tão* feia, pode ficar ainda pior." Acontece que a única coisa sobre a qual estávamos de acordo — nos divorciar — podia se transformar em desacordo. O enredo não podia ser mais óbvio. Eu e o meu marido, ou deveria dizer eu e o meu futuro ex-marido, dividíamos o mesmo advogado, já que estávamos seguros da decisão de nos divorciar, ou pensávamos que podíamos fazer isso tão civilizadamente que um advogado era suficiente. Não havia necessidade de dois, porque não era uma disputa, nem estávamos pensando em nos matar. Era uma separação, e não achávamos que pudesse passar disso.

Depois de pensar um pouco, decidi que seria ele quem iria ao tribunal. Afinal, os meus pais não tinham se encarregado de tudo no casamento? Então o divórcio seria tarefa dele. Saí do escritório como se tivessem me arrancado as tripas do corpo. Na minha cabeça retumbavam as últimas palavras da advogada:

— Se você não comparecer ao julgamento, o juiz comunicará por correio a dissolução do casamento.

Então o meu divórcio ia chegar que nem conta de luz ou telefone. Como se eu tivesse que pagar pelo atrevimento de ter acreditado no amor. Definitivamente, a vida moderna andava muito mais rápido do que os sentimentos.

Como era possível que o amor, os sentimentos e a simples necessidade de compartilhar sua vida com outra pessoa estivessem nas mãos de advogados, padres, juízes e do serviço dos correios? Por que tinha sido tão fácil para mim participar de uma cerimônia chamada casamento e agora não conseguia me achar nesse negócio chamado divórcio?

A verdade é que sempre estive preparada para casar. Assim como para fazer a primeira comunhão, para a crisma, e até, eventualmente, para receber a extrema-unção. Mas ninguém me preparou para me divorciar, porque, até esse momento, não passou pela cabeça de ninguém inventar uma cerimônia para o divórcio, embora nos últimos anos ele tenha se tornado parte obrigatória da vida de muita gente. Como não existe cerimônia, ao final nosso caso é tratado num tribunal, da mesma forma que qualquer outro delito ou violação da lei. Mas, embora não seja uma cerimônia oficializada, para mim o divórcio era uma mistura de casamento e enterro.

Era um casamento, com a diferença de que as flores se trasformaram em espinhos, os convites em simples balbucios de "não estamos mais juntos", as felicitações em apagados "sinto muito", e a esperada cerimônia numa notificação pelo correio. E, como não é considerado motivo de comemoração e não se supõe que alguém mande cartões anunciando um divórcio, a verdade é que está mais próximo da morte, e o mais apropriado seria fazer alguma coisa parecida com um enterro. Afinal de contas, é igualmente doloroso, igualmente inesperado e comporta uma perda.

Um morto vivo

Lembro-me da primeira vez em que me confrontei com minha nova condição de divorciada como um dos momentos mais difíceis que vivi. Porque é muito fácil contar o fato às pessoas que a acompanharam durante o processo, mas dar a notícia a alguém que pensa que o seu casamento é exemplar faz você se sentir como uma farsante que enganou meio mundo e sobretudo a você mesma. Como dizer isso sem que soe dramático? Como evitar que perguntem por ele, se por associação é a primeira coisa que fazem?

— E o seu marido, como está?

— Bem, na verdade não está mais.

— Como? O que aconteceu?

— Estamo nos divorciando.

— Que pena, mas como veterano nesses assuntos, o melhor conselho que posso dar é que você trate como se fosse uma morte.

Embora pareça mórbido e descabido, este foi um dos melhores conselhos que recebi no início do processo. De certa forma é verdade, tem muitas semelhanças. É uma tragédia, existem os mesmos sentimentos de perda, você se culpa pelas coisas que poderia ter feito para salvá-lo, e as pessoas querem saber o que aconteceu. Quando a gente casa, todos assumem imediatamente que foi por amor; ninguém pergunta os motivos que levam a essa decisão. Mas quando a gente se divorcia, da mesma forma que quando alguém morre, as pessoas à sua volta olham com pesar e querem saber o que foi que acabou com a vida do casamento que parecia tão saudável. As respostas também podem ser parecidas: teve um enfarte e o coração deixou de bater por mim, ou vice-versa, meu coração deixou de bater por ele. Sofreu um acidente, topou com uma mulher mais jovem que eu, ou, simplesmente, estava muito mal, com muitos sintomas e não tinha cura. Qualquer que seja o motivo, o final é o mesmo, aquela pessoa já não está mais ao seu lado.

Um divórcio é a morte de um amor e como tal deve ser tratado. Da mesma forma tem seu período de luto, que pode ser longo, doloroso e desesperador. Este era o meu novo lema: *chorar o meu morto*, e eu estava pronta para fazer frente a essa tragédia em minha vida.

Mas tudo foi por água abaixo quando me dei conta de que havia um pequeno problema. Meu morto está vivinho e abanando o rabo. Cada vez que a solidão e a saudade apareciam, era muito mais fácil pegar o telefone e ligar para ele do que procurar uma médium para que me comunicar com ele no além. Não existia o sacrilégio de imaginar o meu morto no céu com outra mulher, e muito menos esperava que ele me chamasse para falar sobre as coisas que queria levar no caixão. Até porque, sem sombra de dúvida, o meu morto teria que comprar um caixão tipo caminhão para levar os tapetes, os quadros e o aparelho de som com que planejava ouvir música celestial na sua outra vida. Seja como for, com morto morto ou morto vivo, novamente tinha que enfrentar a vida sozinha e aceitar que tinha chegado a hora da verdade.

Capítulo 2

Onde diabos anda a minha fada madrinha?

Aceitar que o meu casamento acabou estava sendo uma das partes mais duras dessa etapa da minha vida. Significava assumir que o sonho que me venderam desde criança, aquilo de ser felizes para sempre, era uma grande mentira. Era romper de repente e sem aviso com todos os contos de fadas que são a base das grandes histórias de amor. Era enfrentar a grande desilusão de saber que, se não existia a segunda parte dos contos, era porque já não seriam de fadas, e sim de tragédias. Era perceber que a história funciona ao contrário: o príncipe se transforma em sapo. Não há nada de bom para contar depois das doze badaladas, e o mais provável é que a Bela Adormecida do Bosque, depois de ter provado as amarguras conjugais, teria preferido continuar dormindo mais cem anos em vez de ter que agüentar aquele homem. E a Cinderela, sem sombra de dúvida, voltaria a aturar a madrasta com o maior gosto desde que não tivesse que ver a cara do príncipe, lavaria todos os chãos do mundo e até invejaria as meio-irmãs por terem os pés tão grandes e não terem conseguido calçar o famoso sapatinho de cristal.

A minha própria história tinha se transformado numa mistura contraditória de todos esses contos. Despertei do sonho, mas não exatamente para me ver com um príncipe, e me sentia mais como as meio-irmãs de Cinderela do que como a protagonista. Em poucas palavras, todas as bruxas dos contos de fadas confabularam para desgraçar a minha vida, e vai saber onde diabos andava a minha fada madrinha. Se o final feliz não existia, se o "viverão felizes para sempre" não era a conclusão da história, então, o que havia depois? Onde estava o conto que falava de uma princesa cuja história de amor não deu certo? Será que na vida real o amor é uma sucessão de contos que terminam com um final que nem sempre é feliz para voltar a começar do primeiro capítulo? Pode-se voltar a ter fé no amor quando ele já demonstrou que não dura para sempre?

No entanto, esta era uma parte da ruptura que eu podia administrar. Cupido logo se encarregaria de voltar a cravar-me sua flecha e a me vender o conto do "viverão felizes para sempre". Eu já estava crecidinha para pensar que a vida era um mar de rosas, que existe a felicidade eterna e que o amor sempre vence. Não era mais criança, e com esse golpe eu tinha que aprender a ser mais realista, sobretudo quando estava diante da palavrinha mais temida para o ser humano: fracasso. Fracasso, sim, pois o casamento nada mais é que uma sociedade na qual, em vez de investir dinheiro, se investem sentimentos. Estas foram as palavras do meu psiquiatra que acabaram derrubando a minha fortaleza. Vendo dessa perspectiva, o negocinho tinha saído muito mal.

Na falência

Mas como, se sempre administrei bem as contas? Era um mau negócio desde o começo ou simplesmente eu me enganei de sócio? Não, o erro definitivamente foi investir em sentimentos. Não pensei com a cabeça. Naquele momento, a análise ficou por conta dos meus hormônios e do meu coração, e confesso que até da minha vagina — de tudo, menos do mais importante: a cabeça. Mas não havia mais nada a fazer a respeito, e eu devia enfrentar a falência emocional. Estava cercada de números vermelhos e com uma nada agradável perspectiva de contar aos meus pais que aquele homem, do qual meu coração lhes deu as melhores referências, tinha me desfalcado.

Esperava impacientemente os meus credores, sem saber que não iam chegar de parte alguma. No negócio sentimental, você contrai dívidas consigo mesma e, o que é pior, com a vida. Ninguém a obrigou a negociar, pelo contrário, muita gente a alertou sobre o passo que ia dar. Você não tem a quem culpar porque, afinal, não existe má colheita amorosa, nem você está em meio a uma crise emocional do país, na qual as suas ações amorosas definitivamente não aparecem na Bolsa de Valores.

E então, *onde* aparecem? Existe um lugar em que possam lhe explicar por que o seu negócio fracassou e a ensinem a investir melhor da próxima vez? É uma coisa semelhante a uma empresa, na qual você investe o seu dinheiro e decide se quer um investimento seguro e conservador ou um de alto risco. Isso era o que eu precisava naquele momento: entender o meu investimento e onde estava o risco. Mas não há dúvida de que o negócio sentimental é uma coisa nova para o mundo das altas finanças, e, portanto, recém estão saindo estudos que ajudam a não confiar tanto nas referências do senhor chamado coração. E a experiência estava me ensinando que esse senhor não era o melhor conselheiro quando se tratava de investimentos, muito menos se fossem a longo prazo.

Seja como for, o meu problema não era voltar a investir, mas sim tentar fazer com que as perdas fossem as menores possíveis. Recolher os pedaços da minha fracassada tentativa para recuperar minha auto-estima, meu amor-próprio e a confiança em mim. Para conseguir isso, tinha que procurar ajuda e recorrer a alguém que me ensinasse a pôr em ordem o balancete da minha conta emocional. Mas quem? Pois à mesma pessoa que meteu na minha cabeça a idéia de que o casamento era como um negócio e que eu tinha fracassado como negociante.

Um psiquiatra de poliéster

Às vezes acho que o divórcio é apenas uma série de salinhas decoradas conservadoramente e com uma óbvia poltrona de couro. Lugares totalmente impessoais, onde pessoas que eu nunca tinha visto na vida se davam ao direito de decidir por mim. Pessoas alheias ao meu problema mental e sentimental, mas que aparentemente eram as que tinham a solução nas mãos. Uma que liquidava friamente anos da minha vida, falando de procedimentos legais e mostrando papéis cheios de uma linguagem que me fazia sentir mais como se estivesse sendo condenada à cadeira elétrica pelo delito de ser uma iludida do que num processo de divórcio. Outra me ajudando a entender o processo, a seguir em frente, me convencendo de que eu não tinha feito nada de errado ao investir tanto dinheiro no negócio, que apenas tinha investido na pessoa errada. Eu me perguntava se na verdade tinha investido mal ou se na ocasião tinha sido um magnífico investimento que com o tempo deixou de dar dividendos. Como se tivesse montado um negócio de fitas Betamax, que, com a chegada do VHS, se transformara numa coisa obsoleta. Segundo as reflexões do meu assessor sentimental, só o tempo me daria as respostas.

Que mania as pessoas têm de esperar que o tempo resolva tudo! "Dê tempo ao tempo." "O tempo se encarregará de curar as feridas." "O tempo é sábio." Pois para mim o tempo estava se caracterizando mais por sua lentidão do que por sua sabedoria. Ainda mais sentada ali, olhando para os cartazes emoldurados de alguma exposição do Museu Metropolitano de Nova York, com uma caixa de lenços descartáveis ao meu alcance, que o meu psiquiatra esperava que ensopasse com minhas lágrimas — disso tenho certeza —, e aguardando a chegada daquele homem de gravata com camisa de manga curta e calça cafona.

Não sei por que me incomodava tanto que usasse calças de poliéster. Provavelmente porque na minha confusão mental pensava que, se não tinha critério para se vestir, talvez também não tivesse para despir os meus medos. Ou talvez porque, na vontade de esticar o tempo, a única coisa elástica e flexível eram as calças dele.

Mas enfim, todas as minhas esperanças estavam colocadas nele, e ali estava eu, pela primeira vez na vida, diante de um psiquiatra e disposta a lhe contar os meus segredos mais íntimos. A cem dólares a hora, o mínimo que podia fazer era me queixar de quanto me sentia mal. Que maneira de ganhar a vida! Ouvindo os problemas dos outros! Eu achava deprimente que alguém, depois de ter freqüentado uma universidade por tantos anos, sentasse numa poltrona para ouvir queixas cheias de dor. Porque, ao final, o trabalho do meu psiquiatra se reduzia a me ouvir, e eu tinha muitas coisas a dizer.

Comecei falando sobre todos os sentimentos de frustração, decepção e impotência que sentia. Dos fins de semana que passava chorando e do pouco que me importava o que havia ao meu redor.

— A verdade é que não acho motivação em nada.

— Isso é normal, você está passando por um momento difícil, de mudanças; e as mudanças nos dão medo, e o medo paralisa.

Num acesso dramático digno de um roteiro de telenovela mexicana, concluí:

— Acho que perdi o amor pela vida.

— Por que você acha isso?

— Porque a única coisa que eu quero é dormir e não levantar mais. Isso também é normal?

— É um mecanismo de defesa que todos os seres humanos têm, você só está tentando fugir da realidade.

— Que bom! Eu achava que estava tendo pensamentos suicidas.

— E o que mais você sente?

— Agora a dor está saindo para fora e se refletindo no corpo todo.

— De que forma?

Adoro a forma tão impessoal e abstrata com que ele recebe tudo o que eu digo. Pergunto-me se haverá alguma coisa que o tire do sério.

— Pois eu sempre ouvi dizer que o coração doía, e é verdade, quando você está sentindo um sofrimento muito grande, ele dói. Além disso, tenho pequenos ataques de ansiedade, mas o pior não é isso.

— O que é o pior?

— Eu me regozijo na minha dor, quero senti-la, e estou entrando com tudo num círculo de autocompaixão. Estou a um passo de ser uma masoquista oficial.

— Isso não é ruim. Pelo contrário, significa que você está entrando em contato com a sua dor, que aceita o que está acontecendo com você. A dor não é ruim, desde que você saiba administrá-la e a deixe fluir para que cumpra o seu curso. E a autocompaixão só se torna um problema quando você a adota como forma de vida.

— E como se administra a dor?

— Comece pensando que, da mesma forma que a alegria, ela passa e faz parte da vida.

A verdade é que nesse momento não acho que ela seja parte da vida, mas a própria vida. Nascer dói, crescer dói, ter filhos dói e amar dói. Certamente por isso, Aurora Dupin disse que Deus havia colocado o prazer tão perto da dor que muitas vezes choramos de alegria. Pois para mim, Deus havia colocado a dor tão perto do prazer que estava me transformando numa masoquista, porque eu estava começando a gostar de me sentir vítima.

— Estou falando das noites em claro pensando no passado e naquilo que não deu certo.

— E em que coisas você pensa?

— Nas coisas bonitas que eu vivi com ele e em todos os planos que tínhamos para o futuro. Parece que perdi tudo isso.

— Não perdeu nada. O passado esteve e sempre estará com você, e o futuro você nunca teve, não chegou, nunca foi. De agora em diante, quero que tente viver o dia de hoje. Não pense no passado e não se preocupe com o futuro.

Que ótimo! Segundo esse princípio, agora eu tinha que me transformar numa mulher sem passado e sem futuro, título perfeito para uma telenovela venezuelana, mas, para uma pessoa para quem o presente não é exatamente o ápice da corrida da sua vida, a expectativa é apavorante. No meu presente eu não gostava muito de mim.

Mas uma coisa era certa, eu e o meu psiquiatra estávamos nos transformando na combinação perfeita: uma masoquista nas mãos de um sádico. Mas, como se sofresse de síndrome de Estocolmo, em que a vítima acaba se apaixonando pelo seqüestrador, eu começava a me sentir identificada com o meu carrasco. Depois da terceira sessão, suas calças bregas já não me incomodavam, e eu até desculpava com ternura o seu mau gosto para escolher as gravatas. Dava-me a impressão de que estava chegando àquele ponto em que a paciente se apaixona pelo psiquiatra. Graças a Deus, começamos a mergulhar na minha infância, e depois de descobrir que o meu fascínio por alicate de unhas se devia a que quando pequena uma tia não me deixava usar o dela, e que o meu afã compulsivo por comprar sapatos se devia a que achava os meus pés horrorosos, decidi que aquele negócio de psicanálise estava enrolando mais a minha vida. Eu não tinha nada que ir fuçar na minha infância, já tinha muitos problemas no presente. Além disso, sempre fui uma pessoa razoavelmente estável, até que enfrentei o monstro dos anos 1990: o divórcio.

Capítulo 3

O que é que eu fiz de errado?

Não sabia como ia dizer aos outros. A primeira coisa eram os outros. A primeira coisa era me convencer de que divórcio não era pecado. No meu íntimo se misturavam sentimentos de culpa, vergonha e a inexplicável sensação de ter tirado um peso de cima. Sabia que me fariam muitas perguntas e não estava preparada para respondê-las. Ensaiava a história que poderia contar, como se fosse um roteiro que tinha que repetir várias vezes para aprender.

Eu me perguntava se tinha lutado o suficiente pelo meu casamento, e me sentia como um náufrago que perdeu o horizonte. Em síntese, me sentia como uma criança que quebrou uma louça na casa dos outros. Já imaginava os dois times: de um lado, a proprietária da casa me defendendo, embora não gostasse da situação, e, de outro, minha mãe me dando bronca por ter cometido tal estupidez. Mas por que eu me sentia assim? Não era eu uma vítima em todo aquele processo? O que é que eu fiz de errado? Pois apenas disse não às regras preestabelecidas da sociedade e da religião: não manter um casamento até que a morte nos separasse e não agüentar até o cansaço. Talvez o famoso "até que a morte os separe" tivesse mais a ver com deixar a vida lutando pelo casamento do que esperando que Deus nos mandasse buscar quando tivesse vontade. A verdade é que eu estava mais cansada de tentar evitar o divórcio do que de tentar manter meu casamento. Assim, não me restava mais remédio senão assumir que essa era a decisão certa para mim e para o resto do mundo, e só me restava aceitá-la como uma coisa irrefutável.

Além do mais, li em algum lugar que as decisões mais duras e as corretas quase sempre são as mesmas. Por isso sentia que estava fazendo o que devia, por mais que me doesse na alma; o grande fracasso não era me divorciar, mas continuar numa relação que não funcionava para os dois e que, ao contrário do que muitos pensam, ninguém se divorcia porque essa é uma saída fácil. Aprendi na própria carne que quando se chega a esse ponto é porque já se esgotaram todos os recursos, ou porque a decisão não está nas nossas mãos. Mas isso é muito difícil de entender para os outros, para aqueles que têm relações felizes, para aqueles que nunca enfrentaram a possibilidade de um divórcio.

A primeira surpresa foi a reação da minha família. Aceitaram o meu divórcio civilizadamente, pelo menos da boca para fora. Eu sabia que a última coisa que esperavam de uma filha nada problemática, que sempre cumpriu com os estatutos do bom gosto e da decência, era vê-la passar por esse processo, mas concordavam em que se eu já não estava feliz, o melhor era terminar. É óbvio que o meu "ex" passou de grande homem a *aquele* com quem você se casou.

Mas nem tudo ia ser cor-de-rosa, e quando decidi viajar para visitá-los, num ataque de saudade, num desejo instintivo de me sentir amada, de pertencer a algum lugar, encontrei-me com outra realidade: a da vergonha.

— Você não falou para a Clarita no avião, falou?

— Falei o quê, mãe?

— Sobre a sua separação. Porque se falou, amanhã todo mundo vai estar sabendo.

— Mãe, acho que já está na hora de ficarem sabendo. É melhor assim. Você não contou para ninguém?

— Não.

— Então como vai explicar que ele não venha mais passar os natais conosco como fazia todos os anos?

— Diga que este ano vai ter que ficar com a família dele.

— Mas... não entendo. Para que mentir? Eu não fiz nada de errado. Não sou nem a primeira nem a última pessoa que se divorcia.

— Eu não disse que você fez alguma coisa errada, mas não vejo motivo para sair por aí contando.

— É porque lhe dá vergonha.

— Você está louca. É claro que não.

— Admita, mamãe, você fica com vergonha, e por isso não quer contar para ninguém. Está agindo como se eu tivesse matado alguém.

— Você está exagerando. Simplesmente não vejo motivo para sair contando. É uma situação muito desconfortável.

— Se não é questão de vergonha, mas de desconforto, e o que é difícil é falar, por que você não publica? Isso mesmo, e não me olhe desse jeito! Lembra de quando eu ia me casar e não quis que você enviasse cartões de participação porque parecia que você estava dizendo "a minha filha vai casar, mas não o estou convidando"? Lembra que você mandou colocar a participação na coluna social do jornal? Então, faça a mesma coisa agora. Participe a todos que eu me divorciei. Veja bem, agora sim, tem sentido, porque não tem festa nem comemoração, e ninguém vai ficar chateado por não ter sido convidado.

— Você está me gozando.

— Não, mãe, estou gozando da situação.

Era um fato. Para a minha mãe, o divórcio tinha se transformado numa coisa que ninguém deveria ficar sabendo por sua boca. Preferia fazer papel de idiota e que todos soubessem enquanto permanecia alheia à situação. Acho que para ela eu tinha cometido um crime. Não sabia como lidar com a situação, e eu preferiria estar na cadeia a me sentir uma delinqüente comum sem razão e sem motivo.

Não sei por que a vergonha ronda e invade circunstâncias da vida que estão fora do nosso controle. A mesma coisa acontece quando alguém fica doente de câncer. Por alguma razão desconhecida, ficam com vergonha de dizer que estão passando por essa enfermidade tão horrível. Fechamse, ocultam-na, transformam-na em um mistério, como se tivessem cometido um pecado. Pois o meu casamento estava com câncer terminal, e não pude fazer nada para salvá-lo. Ao final, eu me sentida da mesma forma que quando o doente morre: triste, mas aliviada por ele finalmente estar descansando em paz.

Decidi que a partir daquele momento falaria sobre o meu divórcio de um ponto de vista otimista. Além disso, estava empenhada em vê-lo de outra maneira, não como o final de alguma coisa, mas como uma transição. Como se tivesse deixado o trabalho que fazia porque não preenchia mais as minhas expectativas, porque não via as possibilidades de crescer como profissional, porque o chefe me infernizava a vida e não me restava mais remédio a não ser renunciar. Na renúncia não existia vergonha nem desassossego. Era uma nova etapa em que tinha que repensar a minha carreira sentimental para não cometer os mesmos erros.

Sem dúvida, este era o maior engano que eu podia cometer, pois quem imagina que pode falar de uma maneira otimista da ofensa cometida deve estar fora do seu juízo. Não importava que eu quisesse me convencer de que aquilo não era o fim do mundo e de que não era culpada de nenhum crime. Para o resto da humanidade, um divórcio ia contra as leis da sociedade, da Igreja e de Deus. E, se já era considerada uma inconsciente por ter me separado e não ter agüentado o casamento, como fazem as pessoas decentes, acreditar que isso era só uma transição me transformava, oficialmente, numa louca de pedra. Sentia que devia pedir desculpas a todo mundo, começando pelo próprio Deus. Isso porque embora ele em pessoa não tivesse dado sua bênção, me disseram que me casei ante sua presença. No entanto, achava que ele me compreenderia melhor do que ninguém, já que sempre ouvi dizer que estava em toda parte e, portanto, eu o tinha como testemunha ocular da minha odisséia. Se havia alguém que sabia que eu não era culpada, esse alguém era Deus.

Também sentia que tinha que pedir perdão a uma sociedade com a qual tinha falhado, já que uma moça boa e decente não comete esse tipo de imprudência. Com a sociedade, porém, eu me sentia um pouco mais em paz e a salvo; ao menos tinha a tranqüilidade de que a minha entrada no céu não dependia dela. Além disso, o divórcio estava sendo aceito, embora aos trancos, por essa mesma sociedade.

Para a minha família, eu era a primeira pessoa que tinha ousado cometer aquele crime. Não existiam antecedentes, não sabiam como lidar com a situação e se debatiam entre ter pena de mim ou me fazer sentir que o que estava acontecendo não era tão ruim. Preocupavam-se enormemente com o meu estado emocional e civil. Eram muitas as divorciadas que tinham dado péssima fama ao título, e lhes apavorava que eu me transformasse numa delas. Por outro lado, havia o meu futuro. Um futuro que antes eles imaginavam garantido pelo simples fato de eu ter um marido ao lado, e agora não sabiam o que seria de mim.

De certa forma, era como se eu tivesse entrado num livro de Dante: todas as minhas opções de vida eram apavorantes para a minha família. Podia ficar sozinha, como tinham feito minha avó e minha tia ao enviuvar, porque o certo era dar por encerradas todas as necessidades da alma e do corpo. Mas o meu morto não estava morto, não podia idealizá-lo como elas haviam feito e muito menos viver da sua lembrança, quando o que mais desejava era me esquecer dele e ficar em paz com os anos fatídicos do casamento. Também havia a possibilidade de que voltasse a me casar, mas esta implicava voltar a sair com homens e correr o risco de que, na busca, mais de um se colocasse no meu caminho e minha reputação fosse por água abaixo. Não, nada disso, ao final a melhor opção que tinha era voltar com o meu ex, porque mais vale o mal conhecido do que o bem por conhecer.

No entanto, as coisas estavam mudando, e embora para minha família fosse uma novidade, a realidade é que o divórcio estava se transformando numa solução de vida para muita gente. Isso não acontecia só em Hollywood, e não era um mal exclusivo dos artistas, como eles tinham acreditado. Sua filha era a prova viva de que isso pode acontecer com todo mundo, e, se olhassem em volta, veriam os primeiros sinais de uma epidemia que ameaçava se transformar no pão de cada dia da nossa geração.

Assim, com Deus como testemunha e a sociedade como cúmplice, enfrentei a minha mãe no meu próprio julgamento pelo crime de divórcio. Não sei se ganhei, não sei se a fiz entender que não tinha um caso, mas acho que ao final venceu o amor de mãe, e consegui convencê-la de que a única coisa que eu precisava dela era sua compreensão para seguir em frente e começar de novo.

Capítulo 4

Uma confabulação

Começar de novo. Como é fácil dizer isso e como é difícil tentar! Por onde começar, se tudo parece confabular para enfatizar que você está sozinha e que esse não é exatamente o estado ideal de um ser humano?

Se a gente decide fazer uma coisa tão normal como ouvir rádio, bingo! Quase todas as canções falam de despedidas, da dor que o amor deixa e das feridas incuráveis. Definitivamente, os compositores são um bando de sadomasoquistas cuja única intenção é que a gente corte as veias ou pendure uma pedra no pescoço e se jogue no mar. Tento me lembrar de canções que falem de voltar a começar, de feridas cicatrizadas e de novos amores, e nada. Ao contrário, a coisa fica pior porque se não estão cantando o adeus e o amor que foi embora, dedicam-se a jogar na nossa cara que estão vivendo o melhor amor do mundo, que não têm palavras para agradecer a presença dessa pessoa na sua vida e que a vida não teria sentido sem essa pessoa ao lado. O que me leva imediatamente à categoria de ser uma *nada*, que não tem nada para agradecer porque não tem ninguém. Onde estão as canções dedicadas às épocas de transição no amor? Às fases nas quais a gente só quer deixar o passado para trás e não tem nenhum interesse em voltar a começar? Àquelas fases em que o seu maior esforço consiste em se reconstruir, em investir em si mesma sem que o amor faça parte da equação? Não sei, mas aparentemente o meu estado não merecia uma canção. Só tinha certeza de uma coisa: o rádio não era uma boa companhia para mim naqueles momentos; assim, era melhor buscar outro meio de distração.

A coisa ficou ainda pior, porque se o rádio era como uma lâmina ou um ácido para as feridas — que no caso eram a mesma coisa —, a televisão deveria ser processada por discriminação. Sim, os comerciais e aqueles que os criam estão contra as pessoas sozinhas e divorciadas. Para eles nós não existimos, eles nos ignoram. O desodorante dela é tão forte que ele pode usar; as pastilhas não são para combater o mau hálito, mas para beijar durante horas; o café é mais aromático se ele o servir na cama; e o xampu faz mais efeito se ele o aplicar com uma massagem. E nem pensar em comer, porque todas as refeições implicam família. No mínimo um homem e uma mulher sentados à mesa, numa imagem digna de cartão de Natal. Meu destino era triste, porque os únicos comerciais com mulheres sozinhas as mostram passando aspirador de pó nos tapetes ou limpando com aquele maravilhoso novo produto que tira a gordura e deixa os vidros como novos.

E o que se supunha que eu deveria fazer? Não usar desodorante, não chupar pastilhas, não tomar café, virar anoréxica e me dedicar à vida de Borralheira, numa faxina constante até que encontrasse alguém que quisesse viver comigo num eterno comercial? Onde ficaram os tempos em que passar xampu era somente um gesto solitário e necessário de higiene e comer era um ato de sobrevivência?

Como se não bastasse tudo isso, nem pensar em preencher um formulário. Estes são apenas um aviso da sua nova condição, e foram feitos para amargar sua vida. Seu nome não aparece mais unido ao de ninguém; no espaço de estado civil você vai ter que colocar divorciada, e no de sexo, o que esperam que coloque? Nulo? Porque, no final, isso era a única coisa que continuava valendo.

A palavra de consolo também não ajuda muito: "Não se preocupe, casamento e mortalha caem do céu". Que bom! Eu tinha as mesmas probabilidades de morrer e de me casar outra vez; e, por fim, quem queria voltar a se meter na confusão que me levou ao divórcio? Ou será que esse ditado inclui as duas sentenças juntas porque ao final acabam sendo a mesma coisa?

No entanto, os amigos e a família não param de tentar levantar o seu astral, querendo fazê-la acreditar que o que você está vivendo não é tão ruim assim e que depois, num futuro não muito longínquo, você vai rir de tudo isso. Não percebem que a gente não quer ouvir que isso vai passar nem quer que tentem diminuir sua importância, a gente quer que se unam à nossa dor e à nossa perda. Mas isso é muito difícil para as pessoas que não passaram por uma coisa tão horrível como um divórcio. Ninguém que não o tenha vivido pode entendê-lo, porque embora o tempo passe, a dor vá embora e as feridas se curem, como eles dizem, eu continuo pensando que se puder escolher, não quero ver o cadáver do meu pior inimigo passar pela porta da minha casa. Se vou desejar-lhe um mal, que seja um divórcio.

Eu via o meu futuro tão negro que nada do que me diziam me reconfortava ou tinha sentido, muito menos quando começavam a se meter com aquilo que marcava a minha vida.

— Não se preocupe, você é uma mulher inteligente, jovem, mal chegou aos trinta anos, "a vida está começando para você".

Que maneira de infernizar a vida de alguém! Porque o numerozinho que lhes parecia minha tábua de salvação estava se transformando no meu pior inimigo.

Capítulo 5

No pior momento

Tinham vaticinado isso, tinham me dito que a depressão dos 30 era coisa séria, mas eu estava tão ocupada com a minha dor que nem sequer me lembrava de que o meu aniversário estava chegando. Que data eu escolhi para levar a cabo o meu divórcio! A gente não deve tomar esse tipo de decisão perto do Natal, do aniversário e muito menos do Dia dos Namorados. E, obviamente, eu era a melhor candidata a que a famosa e temida deprê entrasse e fizesse comigo o que bem quisesse.

Eu não conseguia entender em que momento os anos tinham se perdido. Quando estava com os meus 15, sonhava ser mais velha para ter mais liberdade e poder chegar ao que chamam de maturidade. Acho que se passaram séculos antes que eu fizesse

20 anos, mas a partir desse momento, tudo foi como uma corrida contra o relógio.

Quando fiz 29 tive uma pequena mas significativa crise de depressão. No momento, tinha mais que ver com o fato de que já não estaria nos 20; estava ficando velha, e isso me incomodava um pouco. Ia ter que começar a usar cremes para as rugas dos olhos, tomar mais de oito copos de água por dia e começar a fazer exercício, porque, pela lei da gravidade e da vida, todo o meu corpo teria agora a tendência a desabar. No entanto, em nenhum momento me questionei sobre a minha vida e muito menos sobre os meus sonhos.

Na manhã do meu 30º aniversário, acho que amanheci chorando, porque na verdade não me lembro em que momento comecei. Era como se alguém lá em cima tivesse decidido transformar os meus olhos em duas mangueiras. Não conseguia controlar as lágrimas, tudo era motivo de pranto. Minha vida passava diante dos meus olhos como um fracasso, e as pessoas que ligavam para me felicitar davam com a secretária eletrônica ou com uma voz de além-túmulo que não encontrava nenhum motivo para que a palavra "feliz" fosse mencionada na sua presença. A felicidade se transformara numa coisa tão irreal como o fato de que algum dia, se me comportasse bem e fosse uma boa menina, iria direto para o céu.

— Os trinta — disse uma amiga que já tinha entrado no mágico número e nas mesmas circunstâncias —, você se preocupa com o fato de ter chegado aos trinta? É isso que tem deixado você tão deprimida? Você está louca.

— Não estou louca, o que estou é velha e sozinha. Eu me divorciei no pior momento.

— Não há bom momento para se divorciar.

— É verdade, mas acho que o menos aconselhável é quando se está deixando para trás os melhores anos. Agora o que vem é a deterioração total. Sejamos realistas, o mundo é das pessoas jovens. Entramos na etapa em que se o seu marido vai embora, o mais certo é que seja por causa de alguém mais jovem que você.

— Você está mais enrolada do que novelo, e está enganada. As coisas mudaram para as mulheres. Olhe as modelos: são mulheres trintonas, e as *sex symbols* não ficam atrás. O que acontece é que agora você vai ter que se cuidar e se manter até os cinqüenta para ficar bem. Se unir a experiência que já tem ao encanto da maturidade, vai perceber que estamos no nosso melhor momento — disse. — Mais do que isso, entramos na idade em que nossa sexualidade está no auge.

— Quem disse isso?

— As revistas médicas: sexualmente os homens são mais ativos entre os quinze e os vinte e cinco anos; em compensação, as mulheres são mais ativas depos dos trinta. Assim, prepare-se.

— Me preparar para quê?

— Para descobrir sua sexualidade, e, o que é muito melhor, que você também tem necessidades. Olhe, vou falar abertamente. Essa história que inventaram de que os homens podiam fazer tudo a torto e a direito porque tinham certas necessidades e nós não é uma grande mentira. O que acontece é que acreditamos nisso, mas agora que você já teve uma vida sexual ativa e experimentou fazer sexo com freqüência, vai perceber que você também tem vontades e necessidades.

— Que bom! Então agora que vou entrar no meu melhor momento e vou descobrir que eu também tenho necessidades, não tenho com quem. E o que é que eu faço com a minha vontade? Vou ter que agüentar?

— Você tem duas opções; essa é uma, mas não é a mais recomendável, porque desse jeito você vai se transformar numa frustrada sexual.

— E qual é a outra? — perguntei, certa de que a resposta ia complicar ainda mais a minha vida.

— Voltar a se programar, como se fosse um computador, para pensar como homem. Tirar da cabeça a idéia de que se você dormir com alguém é porque tem que amá-lo e ele é o homem de sua vida. Isso não existe mais. Pense que está satisfazendo uma necessidade, que não há nada de errado em fazer isso e que, enfim, é só lavar, e quem vai dizer que aconteceu alguma coisa?

Eu, porque depois, quem vai me tirar o peso da consciência e o sentimento de culpa? Ensinaram-me que as meninas decentes não fazem isso, a gente se deita com um homem por amor e quando a relação é séria. Todo isso estava gravado na minha cabeça e não podia se apagar, por mais que pertencêssemos à geração dos computadores. Eu não era uma máquina, era um ser humano que nasceu mulher, e tinha sido educada com certos princípios morais que não queria descartar. Já tinha sido bastante grande o golpe de descobrir que o amor não funciona como eu acreditava, que "para sempre" significa "até que acabe", para começar a questionar os meus valores. Se eles estavam obsoletos nestes tempos, seria uma coisa que eu teria que enfrentar quando chegasse a hora. Além disso, eu não me sentia na época mais propícia para iniciar aquela lavagem cerebral e me transformar numa pessoa de vagina inquieta. Até nisso eu errei na hora de me divorciar: tinha entrado novamente no mercado na era da aids. Não podia ter escolhido pior momento para o meu auge sexual e o descobrimento das minhas necessidades. Era um fato: definitivamente, estava vivendo num mundo em que sexo seguro não tinha nada a ver com a certeza de que terei sexo; significava que era melhor não fazer nada e agüentar a vontade, a não ser que usasse um profilático.

O sexo se transformou num assunto muito complicado, que incluía mais de duas pessoas, pois com a história de que se você se deitar com alguém, está se deitando com todas as pessoas com quem esse alguém se deitou e com as que essas outras por sua vez se deitaram, ao final tudo acaba sendo uma orgia no mais puro estilo romano. E se, chegado o momento, você consegue apagar da cabeça todo esse séqüito que a precedeu, tem que recorrer, por questão de vida ou morte, à famigerada camisinha. Que passou de simples anticoncepcional, e não exatamente o mais popular, a salva-vidas em potencial.

Assim, numa situação tão desconfortável como deve ser deitar-se pela primeira vez com alguém, depois de tirar a roupa e quando se está no melhor momento, a gente tem que parar para vestir o de baixo e começar a fazer amor através de uma borracha. É o adeus a uma bela e romântica época em que deitar-se com alguém era a união de dois seres que desejavam sentir o seu corpo.

No entanto, o que mais me preocupava por minha chegada aos 30, era o tic tac do relógio biológico. Aquele que só atinge as mulheres e que, em vez de nos dar as horas, as tira de nós. Alguma coisa assim como a contagem regressiva de um condenado à morte. Se você começar a fazer as contas, tem que ter um filho nos próximos cinco anos, antes que a agulha da amniocentese seja parte da sua gravidez e as ecografias sirvam para alguma coisa mais do que saber o sexo do bebê. Depois, você tem mais uns sete anos, mas pensando e temendo pela saúde do seu filho, antes que a vida se encarregue de secá-la para sempre.

Definitivamente, minha sincronização com a vida deixava muito a desejar. Durante os seis anos em que estive casada, não achei o momento certo para ter um filho, e a verdade é que o meu instinto maternal não marcou presença; melhor dizendo, brilhou por sua ausência. E agora que não tinha um marido, e muito menos um candidato a pai dos meus rebentos, a vontade de ter um bebê crescia proporcionalmente às poucas probabilidades de tê-lo.

O relógio biológico é assim: marca o momento quando você menos espera. De repente você se vê pegando os filhos das amigas no colo, achando os bebês encantadores e desculpando coisas que antes achava falta de consideração por parte das mães que deixavam os filhos fazerem o que lhes desse vontade. Já não lhe parecem retardadas quando falam com seus bebês com tom de idiotas e não a desespera tanto o fato de que parece que elas não têm outro assunto para conversar.

Eu tinha embarcado naquela aura de ternura que cerca a maternidade. Se via uma mãe trocando fraldas num lugar público, desculpava-a pensando que assim o bebê não ficaria asssado. Uma criança chorando horas no avião não era mais motivo de irritação para mim; ao contrário, ficava com o coração apertado pensando que o coitadinho devia estar com os ouvidos estourando por causa da pressão.

Preferiria sofrer a pressão dos aviões com gripe e sinusite do que terer chegado aos 30 sem filhos. Isso apodrece a alma da gente, porque, embora sejamos muito liberadas, a verdade é que para muitas mulheres ser mãe é a maior realização da vida. Não importa se somos grandes executivas nem se atingimos todas as nossas metas profissionais: nada é comparável ao simples e complexo ato de dar a vida.

Pelo menos isso era isso que eu ouvia constantemente nesses tempos de liberação, nos quais a maternidade já não era o único propósito da vida para uma mulher. É como se a sociedade estivesse empenhada em lembrá-la do seu trabalho reprodutivo para que não se desviasse no caminho e não se corra o risco de a humanidade se extinguir. Aos 30 anos, eu não tinha cumprido com essa incumbência. O sonho de chegar a esta idade realizada como mulher, como mãe, como esposa e como profissional que toda mulher deve alcançar tinha passado desta para melhor. O pouco que consegui e construí para chegar ali se esvaiu com o divórcio. E, àquelas alturas, eu nem sabia se esse sonho era meu ou se simplesmente, nos escombros do meu casamento, estava dando para sonhar até com o que nunca tinha desejado. Até porque se por alguma coisa estava agradecida naquele momento, era precisamente por não ter tido filhos.

Bendito o mal quando você está sozinha

O simples fato de pensar em viver uma experiência tão terrível como o divórcio zelando além disso pelos sentimentos dos filhos, tentando impedi-los de sofrer danos permanentes e ocultando a própria dor para o bem-estar deles me parecia uma cena de tragédia grega. A experiência de amigos tinha me ensinado que nos divórcios é muito difícil manter as idéias claras, que as crianças indevidamente sofrem o processo, e que se a gente não se liga, pode acabar arrastando-as. A verdade é que, embora digam que quem se separa é o casal e não a família, a família como se conhecia simplesmente deixa de existir.

— Não sei como fazem as pessoas como você, que se divorciam e ainda por cima com filhos. Deve ser muito duro lidar com a sua dor e além disso saber que está machucando os próprios filhos sem poder evitar isso — comentei com uma amiga que passou pelo processo com filhos no meio.

— Você não pode imaginar. A culpa e você são a mesma coisa. Você precisa fazer um esforço sobre-humano para não se deixar levar pelo círculo de dor, porque tem que continuar lutando ao lado deles e não quer que a vejam assim. Eu não tive essa sorte que você tem de chorar quando tem vontade, de não sair da cama, de não cozinhar se não está com fome. Mas ao mesmo tempo, acho que foi o que me ajudou a superar, saber que eles estavam ali, que precisavam de mim e que, pelo menos, devia tentar que a vida deles mudasse o menos possível.

— É duro! Ter que aparentar que as coisas não são tão terríveis, quando o féretro segue dentro e você é a única que vai nele. Não acha?

— Acredite que é muito mais fácil fazê-los participar da raiva, da impotência, dos medos e de todos os sentimentos que a possuem do que se fazer de forte. Mas como eu tinha visto isso em outras mulheres e vi como acabavam usando os filhos como armas de negociação, e até se davam ao trabalho de falar mal do pai para eles e de colocá-los contra ele, prometi que isso não ia acontecer comigo. Se não podia evitar a dor da separação, pelo menos que tivessem a paz e a tranqüilidade de que seus pais continuavam sendo uma frente comum e não um campo de batalha.

— Então... você engolia tudo o que sentia e o que ele lhe fazia?

— Não é questão de engolir. É questão de assumir que os problemas eram entre o meu ex e eu. Ele tinha deixado de ser meu marido, mas continuaria sendo o pai dos meus filhos até que a morte nos separasse.

— Pois olhe, a frase tem tudo a ver com o casamento, mas só é verdadeira quando se trata dos filhos.

— Assim é, seremos os pais dessas crianças para sempre, e, a partir daquele momento, eu tinha que exigir dele e julgá-lo como pai, não mais como homem ou como marido.

— É fácil falar, mas do dito ao feito...

— Você nem imagina, não fiz nada disso nem agi assim por me sentir a madre Teresa de Calcutá, minha cara! Foi para o meu benefício, para que as coisas não se complicassem. Além de tudo, aprendi errando. Ao princípio, quando brigava com o meu ex e envolvia as crianças, o resultado era um terreno arado para a manipulação. Sim, os meus pequenos anjinhos aproveitavam para ficar do lado de um ou de outro de acordo com o que mais lhes convinha. Começavam as ameaças de "vou embora com o meu pai", os comentários de "na casa do meu pai sim, eu posso, ou, sim deixam", os chiliques porque "o meu pai sim, compraria isso para mim"... E a história nunca acabava.

— E então o quê? Você não podia brigar, tinha que agüentar tudo, embora não gostasse?

— É obvio que não! Mas se brigávamos ou discordávamos em alguma coisa, as crianças percebiam que a briga era entre os dois, mas não com a nossa paternidade. É superimportante que desde o princípio os filhos entendam que o divórcio não tem nada que ver com eles, porque tendem a se culpar. Repetimos isso para eles até o cansaço, que a nossa separação era um problema meu e do pai deles, não deles. Nisso, ambos concordávamos, mas você não imagina o trabalho que deu fazer com que o meu ex entendesse que seus sentimentos de culpa os prejudicavam muito e que não havia nenhuma necessidade de comprar amor com presentes e deixando-os fazer tudo o que tivessem vontade.

Nesse momento me caiu a ficha de que o meu ex-marido também deveria estar dando graças a Deus, à Virgem e a todos os santos por não ter tido filhos. Ao final, nos divórcios, os homens perdem mais, porque perdem o dia-a-dia com os filhos, não voltarão mais a despertar com eles diariamente, nem jantarão juntos, nem os colocarão para dormir. Têm que se conformar com um acordo de visitas: quarta-feira, fins de semana, férias compartilhadas, Natal ou Ano-novo. Na maioria dos países, as leis protegem as mães, e os pais, por melhores que sejam ou por mais que queiram exercer a paternidade cem por cento, não são os que ficam com a guarda dos filhos. Embora eu tenha certeza de que deve ser muito duro uma mulher criar filhos sozinha, com tamanha responsabilidade nas costas, é melhor do que a idéia de não poder ver os filhos crescerem dia a dia.

— Pois eu me alegro muito de, em toda esta tragédia, não ter que lidar com filhos. Parece-me muito duro tudo o que você está contando. Além disso, até fico animada porque, comparado com o que você passou, o meu caso é fichinha.

— Olha só, você acaba de pronunciar a palavra-chave: tragédia. Esse foi o melhor conselho que recebi. Não tratar o assunto como uma tragédia para que as crianças não vissem assim. Era de fato um momento difícil, o pai deles não morava mais com a gente, não éramos mais uma família como a que conheciam, mas o mundo não tinha acabado. Continuava, só que de outra maneira.

Tinha sentido; se o protagonista do filme *A vida é bela* conseguiu fazer seu filho achar que não estavam num campo de concentração nazista, mas numa brincadeira, pode-se conseguir que as crianças não sintam o divórcio como o fim do mundo. É questão de atitude. No entanto, sempre é mais fácil ver os touros da arquibancada, e, quando se trata de um divórcio, os sentimentos são tão intensos que se corre o risco de explodir, mesmo que seja em prejuízo dos filhos.

Esse negócio de "fodofilosofia" me dava paz. Isso mesmo, a sensação de que tem gente que está na mesma que você ou pior. Pelo menos eu tinha a sorte de poder dedicar o trabalho de reconstrução a uma só pessoa: eu. Não existiam acordos de visitas nem a possibilidade de continuar em contato com o meu ex, porque ele não tinha deixado de ser o pai dos meus filhos, e muito menos com seus familiares, porque não eram tios nem avós de ninguém. Não se vislumbravam em meu futuro encontros em primeiras comunhões, casamentos, aniversários, formaturas nem reuniões escolares. Ninguém me ligaria para falar que eu era péssima mãe ou que estava educando mal os "nossos" filhos, nem vice-versa. Se o meu ex ou eu voltássemos a nos casar, não haveria o risco de que os meus rebentos não concordassem nem estaria esperando que aprovassem o galã, como quando tinha 15 anos e esperava que os meus pais o fizessem. Deve ser muito desconfortável e estressante você se apaixonar e seus filhos odiarem a sua escolha ou a do papai, e você ter que agüentar as queixas sobre a bruxa da madrasta. Ou, pior ainda, saber que quando chegar esse dia enfrentará a dura realidade de que outra mulher terá ingerência na vida dos seus filhos, passará tempo com eles e até se dará ao luxo de discipliná-los.

De fato, a minha situação perto de tanto drama era privilegiada. Se até os casais que se separaram com filhos em algum momento conseguiram levar a festa em paz e até voltavam a se casar, eu podia me dar por bem servida. Provavelmente, no futuro, quando a dor já tivesse ido embora, havia inclusive a possibilidade de que o meu casamento se transformasse em alguma coisa assim como um noivado legalizado. Afinal de contas, no meu caso, a chamada divisão de bens não incluía filhos, que é a única coisa que você não pode dividir quando se divorcia.

Eu tinha subtraído um homem. No dia em que estava fazendo 30 anos, encontrava-me sozinha, deitada na cama, num edredom de plumas, cercada de lenços descartáveis ensopados de lágrimas e pensando que a vida deveria dar para a gente um período de descanso. Uma espécie de parênteses para poder dormir hoje e enfrentar os problemas amanhã. Por acaso os ursos não hibernam? Por que nós, os seres humanos, mais inteligentes e evoluídos, não podemos nos dar a esse mesmo luxo?

Capítulo 6

Bem-vinda ao clube

Hibernei até o dia seguinte e uma vez mais me levantei para ir ao trabalho e representar o papel de uma pessoa sem problemas. Não dizem que os problemas de casa devem ser deixados em casa? Ou, o que é a mesma coisa: roupa suja se lava em casa. Pois eu estava cumprindo fielmente esse princípio básico de discrição. Toda manhã passava uma camada de maquiagem que me ajudava não só a esconder as marcas do choro como também servia como máscara para esconder a dor que eu sentia por dentro. Durante o dia me envolvia e me distraía da dor com obrigações e compromissos, mas quando chegava em casa era como se me liberasse. De certa forma, o meu coração estava muito parecido com a minha bexiga. Quanto mais me aproximava de casa, mais vontade sentia; ia me contorcendo pelo corredor e, quando chegava, tinha a obrigação de descarregar tudo o que estava me oprimindo.

Naquela manhã, no entanto, foi diferente. Pela primeira vez despertei com o mais firme propósito de deixar de lado a dor e a autocompaixão. Já tinha feito 30 anos, e o mínimo que podia fazer era tentar aproveitá-los e conseguir, no que me restava de vida, o que não tinha conseguido até então.

Estava decidida a ser feliz porque esse era o único compromisso que tinha comigo. A sorte tinha saído do meu lado, mas enquanto me acompanhou, acho que a tratei bem, e em algum momento teria que voltar. A parte mais difícil de tudo já havia passado: consegui assimilar que o meu casamento terminou. Depois disso, qualquer experiência que a vida me trouxesse seria boa. Mais baixo não podia cair, tinha que me levantar e voltar a caminhar, porque o futuro tinha que ser melhor do que o que já tinha passado.

Como eu estava errada! Mais uma vez, a vida se encarregava de me demonstrar o contrário, porque definitavemente ela tinha alguma coisa contra os sonhadores e iludidos como eu. É uma guerra que se inicia desde que somos crianças; queremos correr assim que conseguimos caminhar. Aí a vida vem e se encarrega de nos dar a primeira pancada para que saibamos de uma vez por todas que não devemos nos deixar levar pelos sonhos, mas sim pelos pés. Muito menos apressar as coisas. Tudo no seu devido tempo.

Entrar na próxima etapa do processo, para a qual não me sentia preparada, era ainda mais assustador do que o fato de aceitá-la. O desconhecido nos assusta e enche de ansiedade. Ninguém me preparou para me divorciar, não sabia quais eram os passos a seguir, não tinha referências nem modelos. Por isso, quando uma amiga me deu as boas-vindas oficiais ao clube dos divorciados, foi como uma iniciação para mim.

— Bem-vinda ao clube.

— Que clube?

— O dos divorciados.

— Existe um clube de divorciados?

— Não, é claro que não, é só uma maneira de falar. É que agora começa uma nova vida para você, e você vai descobrir muitas coisas.

— Que coisas?

— De tudo, começando por se descobrir novamente, até se dar conta de que ser divorciada não é nada fácil.

— Bom, tampouco foi fácil tomar a decisão de me divorciar.

— Sim, mas agora começa a fase de recuperação pela qual todos nós tivemos que passar.

Como ela tinha razão! De repente eu me sentia parte de alguma coisa; existiam outras pessoas que tinham passado pela mesma coisa e conseguiram seguir em frente. Ser divorciada me tornava membro ativo de um grupo de pessoas unidas por uma mesma causa. Como os alcoólicos anônimos ou os drogados que partilham uma mesma luta. Estávamos no mesmo filme, tínhamos passado por momentos de dor, rancor, desespero e incerteza. Também sentíamos a necessidade de conversar com alguém que se identificasse com nossos problemas e emoções, e tínhamos a mesma tendência a ter recaídas. Aqueles momentos ruins em que uma ligação para outro membro do clube era a única coisa que podia nos dar forças. De certa forma, eu me tornei parte de um grupo de apoio que me ajudava a me afastar do vício quando a saudade tomava conta de mim.

Um vício chamado marido ou casamento, que me acompanhou durante anos e que eu estava tentando desterrar da minha existência.

Seguindo os conselhos, a primeira coisa que devia fazer era enfrentar o meu novo *status* e aprender a viver com minha nova condição. Abolir do meu vocabulário e da minha secretária eletrônica a palavra "nós". Esse era um momento da minha vida no qual podia me dar ao luxo de ser egoísta, e os outros veriam isso como uma forma de sobrevivência. Tinha que formar um lar para mim, sem pensar que as flores e o simples fato de cozinhar implicavam um casal. Apagar da minha cabeça a idéia absurda de que para ter um lar precisava da presença de outra pessoa e da formação de uma família, como tinham me ensinado, porque desde menina associei a palavra lar com casamento. Sempre ouvi a frase "quando casar e tiver a sua própria casa", pois na fechada sociedade latino-americana ninguém espera que uma moça de bem saia de casa para morar sozinha. A gente passava de um pai para um marido e da casa paterna para a casa do casal. Mas agora eu me via na obrigação de fazer isso e de me convencer de que para ter um lar precisava de uma única pessoa: eu.

O mais difícil dessa fase de abolição do "nós" era arrancar o escudo que me protegia por ser casada. Esse escudo chamado marido, que muitas vezes serviu para deter propostas amorosas e que me fazia sair vitoriosa dizendo que era casada. Sentia um medo enorme quando pensava na próxima vez que alguém insinuasse alguma coisa e eu não tivesse a minha conhecida arma na mão.

É obvio que o momento chega quando menos se espera, e você percebe que não só tinha um escudo como também, além disso, durante o tempo em que esteve casada, usava um artefato idêntico àquele que colocam nos cavalos de corridas para que não possam olhar para os lados. Na verdade, durante os meus anos como esposa eu me transformei numa pessoa que só tinha olhos para o meu marido, e nunca me passou pela cabeça olhar para os lados para localizar personagens masculinos que pudessem estar interessados em mim. Era como se os outros homens tivessem evaporado do planeta. Imagino que no começo da relação, a venda lateral tinha que ver com o fato de eu estar apaixonada. E, quando a gente entra nesse estado, o resto do setor masculino se torna assexuado e não lhe provoca nem sequer um mau pensamento. E nos anos tortuosos do casamento, a verdade é que nem se deseja muito o tema, e se eu tivesse chegado a desejar muito, certamente o cinturão de castidade moral que a minha mãe e as freiras do colégio me impuseram teria evitado esse tipo de deslize. Acostumei-me a esse padrão de que só um homem era capaz de mexer com os meus hormônios. Mas agora estava de volta ao mercado, e tinha que começar a decifrar olhares e gestos para não ter surpresas.

Infelizmente, não me dei conta disso nem por minha inteligência nem por minha rapidez mental, mas por um "eu adoro sua boca". Essa inofensiva frase criou mais pânico em mim do que se tivessem anunciado a terceira guerra mundial. Tentava encontrar o mecanismo de defesa que usava antes de me casar, o que devia responder, mas, para meu espanto e azar, não encontrava nada. A única coisa que eu pensava era que a minha cara devia ter a expressão de quem viu um fantasma: o fantasma da sedução. E do objeto que tinha despertado essa situação tão embaraçosa não saía uma palavra. Parecia-me que, se a boca se mexesse, a coisa podia ficar pior. Ao fim e ao cabo, se dizem para a gente que gostam do nosso traseiro ou do nosso busto, o indicado, para não se meter em problemas, não é exatamente pôr-se a movê-los. Parecia-me que se abrisse a boca, esse movimento podia dar uma impressão equivocada, porque, acima de tudo, os meus reflexos de pessoa educada me guiavam para o passo mais lógico quando nos elogiam em alguma coisa: um simples e trêmulo "obrigada, às ordens". Graças a Deus, o meu senso comum veio em meu socorro, e com um simples e trêmulo "obrigado" pude sair do apuro.

Como um cavalo de corrida, mas já sem as vendas, empreendi a retirada, amaldiçoando o meu ex por me colocar naquela situação. Minha cabeça se debatia entre o ridículo que tinha feito me comportando como uma adolescente ruborizada e a razão pela qual ele me havia dito isso, já que eu não tinha dado motivos. Embora todos os ex sejam assim.

— Isto não tem nada que ver com você ter ou não dado motivos — me disse uma amiga.

— Como não? Eu não me insinuei nem fiz nada parecido para que ele fizesse esse comentário tão sugestivo.

— E quem disse que você tem que dar motivos? Ele gostou de você, você é uma mulher livre e ele se lançou.

— Mas ao menos devia ter dado um sinal de que gostava de mim em vez de se atirar daquele jeito.

— Deu milhares de sinais. O que acontece é que você ainda está tão tomada pelo seu papel de esposa fiel e abnegada que não olha em volta. O que você esperava? Sinais de fumaça ou uma carta enviada por entrega imediata? Tem que treinar novamente os seus cinco sentidos e se despojar das manias de mulher casada!

Um despojamento. Este era o meu próximo passo. Tirar da cabeça todos os comportamentos que tinha adquirido durante os meus anos de casada por força do hábito. Assumir que era uma mulher divorciada e me acostumar a que os outros, sobretudo os homens, já me situassem dentro dessa categoria.

Nem casada nem solteira... divorciada

Divorciada, palavra que o dicionário define como pessoa separada legalmente do seu marido.

No entanto, como todo termo, ajusta-se às necessidades e opiniões de cada um.

Para os meus pais, era realmente um problema. Não associavam essa palavra com nada de bom. Uma filha jovem, que já tinha organizado sua vida e com a qual não precisavam mais se preocupar, tinha entrado novamente na lista dos solteiros. Outra vez tinham que cuidar dela e evitar que metesse os pés pelas mãos, ultrajando o nome da família. Com o meu divórcio, levei-os de volta à minha adolescência, quando tinham que cuidar da minha virtude. Bem, essa virtude estava de novo no mercado e, se não ficassem espertos, podia estar na boca de todo mundo quando sua adorável filha decidisse procurar um novo amor.

Para o resto do setor masculino, a gente se transforma em presa certa da tarde de caça. É vista como uma pessoa necessitada de carinho, que leva um letreiro na frente gritando "sexo urgente". É como se, ao se divorciar, você declarasse o seu desejo de desfrutar de todos os prazeres que o setor masculino pode oferecer.

Você está solteira, é verdade, mas não tem o halo virginal de quem nunca se casou. Ao que parece, o simples fato de ter passado pela assinatura de um papel confirma que você está à inteira disposição deles. Como se a palavra "divórcio" significasse liberação sexual absoluta e disponibilidade confirmada e indiscriminada para as práticas sexuais com quem seja. Além disso, não sei por que acham que o sexo que eles lhe oferecem pode curar todos os seus sentimentos de culpa, sua auto-estima ferida e seu desgastado amor próprio. Como se o que eles tivessem entre as pernas fosse uma injeção de vitamina B ou um antidepressivo seguro e comprovado pela sociedade de farmacologistas.

Enche-os de orgulho e satisfação pensar que vão ser os primeiros depois de um divórcio. Afinal, uma mulher que há tempos não transa deve ter um desejo tão reprimido que sua atuação como amante está garantida. Você é vista como uma obra de caridade, e eles enchem a boca prometendo que, depois de consumado o ato, todos os seus temores acabarão. Farão você esquecer todos os homens que passaram por sua vida, sobretudo o seu ex, e todos os que planejem chegar no futuro. Um momento histórico que, sem dúvida, você deveria aplaudir ao terminar, cantando o hino nacional e hasteando a bandeira do seu país.

— Então desde que você se separou do seu marido não ficou com ninguém?

— Não, não senti necessidade.

— Como é possível? Não me diga que não ficou com vontade.

— A verdade é que não. Além disso, não é uma questão de vontade. Sou daquelas que ainda pensa no ato sexual como uma coisa romântica e cheia de amor.

— Mas vontade você deve ter, porque as mulheres ultimamente têm necessidades.

— Sim, eu sei, já me falaram das necessidades, mas quando você está passando por um divórcio, no que você menos pensa é em se deitar com alguém. Além do quê, me dá medo pensar nisso, em como será e como eu vou me sentir. Bom, todas essas coisas.

— Mas se não fizer, você nunca vai saber e vai acabar criando um trauma de tanto pensar. O melhor é que faça logo para sair disso, assim não tem que se preocupar com como vai ser.

— Sim, imagino uma coisa assim como: os goles amargos você deve engolir rápido. Mas quero esperar para estar preparada e depois não me sentir mal comigo. Não acredito nisso de que um amor cura outro.

— E por que vai se sentir mal com você mesma? Estamos às portas do século XXI!

— O problema não é esse.

— Ah! É por causa do seu ex. Pensa que se fizer com outro é como se estivesse sendo infiel.

— Não literalmente, mas tem alguma coisa disso.

— Pois eu garanto que depois de fazer com outro você vai tirar todo esse sentimento de culpa e vai esquecer o seu ex. Embora você não acredite, um amor de fato cura outro.

Ele podia ter razão. Para os homens isso funciona. Mas no meu caso não se tratava de curar um amor, porque já nem sabia se ainda o tinha em mim. Existem muitas formas de se divorciar. Há pessoas que, embora continuem num casamento, estão divorciadas ou separadas sentimentalmente. Não estão comprometidas com a relação ou faz anos que deixaram de estar nela. Quando se divorciam, é muito mais fácil para elas voltar a começar, porque já estão curadas. Da mesma forma, há pessoas que estão divorciadas há muito tempo, que assinaram o papel e, no entanto, continuam mentalmente casadas, num estado que não lhes permite seguir em frente.

O meu caso era mais um estado de inércia, produto do medo que me dava não saber como me encaixar na nova etapa. Queria fazer as coisas direito e me sentir bem. E o fato de que meu coração estivesse partido não implicava sair por aí repartindo-o pedacinho por pedacinho. Ao contrário, a idéia era colá-lo eu sozinha com muito cuidado e num trabalho digno do melhor cirurgião plástico, para que as feridas cicatrizassem e ele ficasse praticamente inteiro novamente.

Para as mulheres casadas, as do clube ao qual eu não pertencia mais, também somos uma praga perigosamente liberada. Elas têm um marido de quem cuidar, e se antes o normal era que você conversasse com os maridos delas, de repente, para algumas — as mais inseguras —, essa situação não é mais recomendável. Somos solteiras, é certo, mas com a diferença de que, assim como se espera que uma esposa seja fiel ao marido, espera-se que uma divorciada esteja em busca de um. E não sei de onde tiraram que para consegui-lo estamos dispostas a tudo. Muito menos as minhas antigas amigas, porque depois de tantos anos ouvindo-as queixar-se dos maridos miseráveis, sem consideração e mulherengos, ficava claro que eles não eram o tipo de homem que eu ia procurar. Isso se estivesse procurando, porque a verdade era que, se tinha uma coisa que eu não desejava muito naquele momento, era voltar para o fel conjugal.

Definitivamente, o meu novo estado civil não era bem-visto pelo machismo e pelos preconceitos que imperam na nossa sociedade. Um homem divorciado é um candidato perfeito para qualquer garota e se transforma de um dia para outro no partido do ano. Em compensação, nós, mulheres divorciadas, quando não estamos anunciando perigo e perdição, entramos na categoria de "muito vividas".

E o que se supõe que eu devesse fazer diante de minha nova imagem? Essa era uma boa pergunta. Já que o divórcio não tem estatutos nem regras de comportamento estabelecidas, estava totalmente perdida. Quando um casal se casa, sabe de antemão o que tem que fazer, da noite de núpcias até o doméstico detalhe de quem vai tomar conta da casa. Mas quando a gente se divorcia, não tem nem a menor idéia do que deve fazer e de como se comportar. De nada vale a experiência que tenha acumulado, nem aquele negócio que ficam repetindo para a gente de que a dor e os fracassos nos tornam mais fortes e que só se aprende na tristeza e não na felicidade. A única realidade é que estamos no mesmo ponto de partida, mas sem saber como seguir em frente.

Capítulo 7

De novo no mercado

Começar outra vez. Sem importar as milhas que já tinha percorrido e cheia de medos no novo ponto de partida. Nunca gostei nem fui muito boa na arte de cortejar. Não gostava de discotecas e muito menos de bares para solteiros. Eu poderia ser definida como uma pessoa conservadora, acostumada ao amor à antiga e tradicionalista. Não é falsidade, eu acredito no amor quando chega inesperadamente, acredito que cupido atira a flecha no momento menos esperado e não em estar procurando o momento nem o amor.

Além do mais, sempre pensei que a revolução feminina acabou com uma das partes mais bonitas das relações amorosas: o romantismo. Embora eu pense que as mulheres e os homens são iguais, acho ilógico que as mulheres tenham decidido que ser mimadas, toleradas e tratadas como princesas as torna vulneráveis e submissas. O que tem de mal que eles liguem para nós, mandem flores, abram a porta do carro e, sobretudo, nos paguem a conta? Na verdade, acho que não havia nenhuma necessidade de acabar com tanta beleza se ao final dura tão pouco. Porque é um fato: depois que a conquistam, eles mesmos se encarregam de lhe devolver a igualdade dizendo que todas essas coisas são ridículas e que não estão mais para essas bobagens. Depois de anos de casamento, o mesmo homem que atravessava países para vê-la e poder estar com você se nega a ir buscar um copo de água na cozinha.

Seja como for, pelo meu temperamento e pela forma como fui educada, sentia que não era a pessoa adequada para voltar ao mercado. Como ia ser a minha vida a partir de agora? Como seria voltar a sair com um homem, o próximo beijo, a próxima vez que fizesse amor? Tudo se torna a primeira vez de novo, só que a primeira vez depois de um divórcio. Quando a gente está casada, um beijo é quase um costume, um hábito de cumprimento ou despedida, ou o início do sexo. Fazer amor é um simples esticar de braço. Passava noites em claro pensando como seria essa primeira vez, quando chegasse o momento. Tinha pesadelos nos quais entrava no quarto com o meu amante tendo cometido a tolice de usar calças *jeans*. Tentava abaixá-las sedutoramente, mas não conseguia: ficavam entaladas nos quadris. A partir desse momento, minha esperada noite de amor se transformava numa luta entre nós e as malditas calças que se negavam a que eu saísse da seca. Preocupada com esses sonhos que nunca terminavam, liguei para uma das sócias do clube das divorciadas.

— Acho que você está ficando frustrada — respondeu. — Já começa a ter sintomas de falta de sexo, e se continuar assim vai viver numa constante síndrome pré-menstrual. Isso vai causar mau humor, e você vai ter depressões e até dores de cabeça.

— Isso é absurdo, porque antes de casar eu nunca tive esse tipo de sonhos, e agora, com a história das necessidades físicas atribuem tudo à falta de sexo. Além disso, tenho certeza de que ainda não estou pronta para dar esse passo.

— Mas o sonho significa que, embora não esteja pronta, como você diz, o seu subconsciente está. O que acontece é que você tem medo de como vai ser.

— Claro que tenho medo, é normal, não? Eu me sinto como uma principiante que não vai saber o que fazer quando chegar a hora.

— Não se preocupe, o momento chega quando menos se espera. E você sempre vai se sentir como uma principiante da primeira vez que transar com alguém diferente. Nem todos os homens são iguais, não fazem amor da mesma forma e esperam coisas diferentes de você. Mas a mesma coisa vai acontecer com ele em relação a você. Todos queremos que a nossa atuação sexual não só seja satisfatória como, além disso, se transforme em algo inesquecível.

Exatamente o que eu precisava acrescentar aos meus temores. Acontece que eu, que estava acostumada a fazer como o meu marido gostava, que tinha chegado a um encaixe com ele, de repente podia topar com um desses que falam pelos cotovelos, ou com um mudo, que não murmura uma palavra durante o ato, ou talvez com um estático, que espera eu faça tudo, ou com um desses malabaristas, que pretendem que a gente se pendure no lustre.

Como na série de televisão, eu tinha entrado numa dimensão desconhecida. Sentia-me como uma adolescente para quem a palavra sexo tem uma estranha conotação entre o mistério, a emoção e o proibido. A diferença era que naquela idade eu só pressentia, e agora conhecia perfeitamente a situação. O que não sabia era como seria a próxima vez.

Com tantas dúvidas, recorri a outro membro do clube, que me aconselhou a fazer as coisas com calma, não me apressar e ir queimando as etapas pouco a pouco.

— Seria bom que já tivesse o seu primeiro encontro. Você deve fazer antes de pensar em outra coisa.

— Isso sim, me complica. Sair com alguém que não conheço e, se eu não gostar, ter que agüentá-lo a noite toda.

— Não necessariamente.

— Como não? O que pretende que lhe diga? Que de repente me deu dor de cabeça?

— Como homem, não aconselho que use essa desculpa. Mas há uma coisa com a qual ficamos muito desconfortáveis porque não entendemos. A menstruação.

— O quê?

— Isso mesmo, se uma mulher me diz que está com cólica e se sentindo mal por causa da menstruação, não me atrevo nem a duvidar. É uma desculpa tão perfeita que a gente fica com pena dela e até liga na manhã seguinte para saber como ela está se sentindo.

— Mas você acha que eu vou falar de uma coisa tão íntima como a minha menstruação para um homem praticamente desconhecido?

— Não seja boba, agora se fala de tudo, e o que você acha que ele pensa? Que você não passa por isso uma vez por mês?

Bem, pois seria a primeira vez que a menstruação serviria para alguma coisa além de me amargar a vida todos os meses. Seria a desculpa perfeita para me desfazer dos homens e no caminho me desforrar um pouquinho com Deus, porque Deus tinha que ser homem para ter dado isso às mulheres. Uma mulher não faria essa canalhice mensal com outra do seu gênero. Acho que tinha chegado a hora de voltar para o mercado, pelo menos de começar a dar os meus pulinhos nesse negócio de novos começos.

A primeira não é o desempate

Não tenho inimigos, pelo menos é o que eu acho, mas se tivesse, desejaria que eles passassem pela experiência da primeira vez depois de um divórcio. As pessoas deveriam fazer um curso de como falar idiotices antes de enfrentar essa situação, mas não só isso. Acho que demorei horas decidindo o que ia vestir para o primeiro encontro. Se a roupa seria muito provocante ou muito conservadora; se estaria passando uma imagem de mulher casada ou de devoradora de homens. Como aconselham as revistas de moda, recorri ao famoso pretinho básico. Afinal, o meu galã podia pensar que era uma cor muito sensual ou que eu estava parecendo a viúva de um morto vivo.

A noite durou aproximadamente cem anos. A comida não tinha sabor e, definitivamente, eu havia perdido no caminho aquela arte que as solteiras sabem manejar tão bem, a de impressionar. Passei horas colocando o meu pretendente a par do que tinha sido a minha vida e me inteirando da dele. Pensando que essa situação se repetiria muitas vezes antes que eu encontrasse o homem ideal, decidi que o melhor era preparar um *curriculum vitae* sentimental, porque a única realidade era que a minha vida tinha se tornado quatro horas mais longa desde a última vez que a contei ao meu ex-marido.

Não era má idéia. Podia resumir em duas páginas todas as minhas experiências e acrescentar uma nota que dissesse: "Se quer se aprofundar em qualquer desses temas, vamos fazer isso no próximo encontro". Enviaria o resumo, usando a fascinante tecnologia do fax ou do *e-mail*, pois já era hora de que esses inventos começassem a fazer frente ao telefone no complicado mundo das comunicações amorosas.

A idéia me parecia cada vez mais viável. Quantos currículos você envia antes de conseguir o trabalho que realmente quer? Muitos. Assim, não perderia o meu tempo contando a qualquer um o meu histórico. O tempo é ouro, e não podemos desperdiçá-lo com pessoas que não pretendemos contratar ou que não reúnem os requisitos para o cargo. Se no intrincado mundo dos negócios os currículos evitam a perda de tempo, acredito firmemente que no amor surtiriam o mesmo efeito. Afinal, o psiquiatra me havia dito que o casamento era apenas um negócio no qual se investem sentimentos em vez de dinheiro. Sendo assim, a diferença era de símbolos: para um existe o de pesos e para o outro, o de corações. Já era hora de começarmos a colocar mais cabeça nesse negócio dos sentimentos, e um *curriculum vitae* sentimental poderia ser o primeiro passo para a tecnificação das relações.

Depois de passar por uma nada recomendável experiência do primeiro encontro, que foi uma coisa tão inevitável e apavorante como ir ao dentista, a segunda vez com a mesma pessoa se torna até romântica. A gente se envolve na magia do amor e cria o próprio conto. Até me iludi pensando que estava gostando, pois, se estava disposta a sair com o personagem outra vez, era porque ele de alguma forma estava mexendo comigo. Bem, pois não estava; assim como existe gravidez psicológica, também existem os amores psicológicos, e estes acabam quando chega o primeiro beijo.

O primeiro depois de muitos

Eu o via chegando. Com o mesmo medo de quando chegava tarde e sabia que a minha mãe me esperava na escada para a bronca, eu me aproximava tendo a certeza de que o enfrentamento seria inevitável. Sabia que acabaria me arrependendo por ter cometido aquela tolice e que, da mesma forma que a repreensão de minha mãe, sairia da experiência com a sensação de que não tinha valido a pena.

Nada é mais antiestético do que um beijo que se dá como parte de uma terapia, como um simples passo para seguir em frente, como um termômetro que medirá se estamos preparados para o próximo obstáculo. Nunca antes estive tão consciente de quanto uma língua é molhada e incômoda quando se empenha em estar num lugar que não lhe corresponde. Até a mente foge espavorida para não participar desse atentado contra as leis do amor e se fecha em pensamentos que não têm nada que ver com o que está acontecendo.

O nariz dele me atrapalhava, e quando, numa última tentativa de continuar vendendo para mim mesma a ilusão de voltar a começar, coloquei os braços ao redor do pescoço dele... Oh, surpresa! Minhas mãos, acostumadas a um cabelo liso, encontraram pequenos cachos inesperados, que me despertaram do pesadelo. Sabia que algum dia teria que abrir os olhos, mas me invadiu o mesmo medo de quando era menina e pensava que, se abrisse os olhos no escuro, daria de cara com um fantasma. Pelo menos naquela época podia repetir insistentemente para mim mesma que os fantasmas não existiam, mas nesse momento de suposta efervescência e calor, a única coisa que podia repetir era que tinha sido uma tola por tentar aos 30 anos brincar de me apaixonar pelo amor.

Finalmente, e por obra e graça do Espírito Santo, o meu galã decidiu que o beijo tinha sido suficientemente longo e satisfatório. Ficou me olhando com aquela cara de idiota que a gente faz quando finaliza um beijo.

— O que aconteceu? Você ficou muito calada.

Aparentemente, o beijo tinha atrofiado as minhas cordas vocais, pois, por mais que eu tentasse falar, não conseguia emitir um som.

— Você está se sentindo mal?

— Não, apenas não sei o que dizer. — Que bom que ao menos conseguia falar!

— Você não precisa dizer nada que não queira. Só o que está sentindo neste momento.

— Honestamente, acho que não estou pronta para este tipo de situação. Acho que vou precisar de mais tempo.

— Tempo para quê?

— Não sei. Para me curar. Estou acostumada a fazer as coisas com calma.

— Não me diga que você é dessas que pensam que a gente só deve pegar na mão no segundo encontro e se beijar no quinto?

Como podia explicar que naquele momento sentia que tinha perdido a minha capacidade de pensar? E, além disso, quem era ele para me fazer sentir como uma idiota e uma falsa?

— Não exatamente assim, mas acho que a gente não deve se apressar.

— Olhe, não se deve impor dias nem meses aos sentimentos. Aprenda simplesmente a sentir e você se dará conta de que isso não tem nada que ver com o tempo.

Eu sabia disso, e ali é que estava o problema, precisamente no fato de que ele não me fazia sentir nada. Mas, sabendo quanto o ego masculino pode ser frágil, eu não podia dizer isso. O melhor era deixá-lo pensar que o problema era eu, porque é muito difícil fazer um homem entender que não há química e que suas investidas amorosas nos deixam geladas como traseiro de foca.

Voltaram os sentimentos de culpa por ser viúva de um morto vivo. Sentia que tinha falhado com alguém, até que consegui compreender que a única pessoa com quem eu tinha falhado era comigo mesma, por não ter me dado a oportunidade de voltar para o mundo dos vivos com alguém que me fizesse vibrar.

No entanto, continuava empenhada em cumprir com todos os requisitos que fazem parte do clube a que pertencia. Portanto, liguei para uma das integrantes mais experientes para que me guiasse nos próximos passos. A coisa ficou preta.

Seis anos depois

As coisas mudaram, e de que forma. Agora, no terceiro ou quarto encontro, o galã espera muito mais do que um terno beijo.

— Como foi o seu encontro?

— Como cachorro em missa. A única coisa que tenho certeza é de que aquele não vai voltar a me ligar.

— O que você pode ter feito para espantá-lo dessa forma?

— Melhor perguntar o que foi que eu não quis fazer. Eu não entendo o que acontece. Acho que me transformei num par de seios, traseiro e pernas, com tudo o que implicam, porque a única coisa que querem é que a gente dê para eles.

— Sim, é assim que funcionam as coisas agora. Lembra-se de quando éramos jovens e nos diziam que se déssemos a prova de amor eles nos deixariam? Pois se prepare, porque agora, se você não der, eles deixam você. A coisa é ao contrário.

— Mas isso é absurdo. E o que aconteceu com o romantismo, com esperar que a relação seja séria? Onde ficaram todas essas coisas maravilhosas?

— Tampouco se angustie com isso. Essas coisas ainda existem, mas agora vêm depois. Com base numa relação sexual se constrói todo o negócio da amizade e do amor. As coisas mudaram, e você tem que deixar de pensar que transar com alguém é uma coisa transcendental. Entenda como um passo a mais para uma relação. Se der certo, ótimo. Se não, não acontece nada.

Pois nos seis anos em que estive desfrutando dos prazeres domésticos, tinham acontecido muitas coisas. Promovera-se toda uma mudança à qual eu não dei atenção. Bem, tampouco era culpa minha. Eu vivia na segurança de qualquer mulher casada que não tinha nada que ver com o que estava acontecendo no mercado dos solteiros.

O mais triste é que ela tinha razão. Ela estava com a verdade. Ninguém espera chegar a esse momento desejado e crucial, quando se trata de pessoas adultas que já sofreram decepções e não querem voltar a errar. Não somos mais virgens, nem física nem emocionalmente. Estamos na era da satisfação sexual, e os meios de comunicação nos invadem todos os dias com artigos sobre como é importante a comunicação sexual. Uma mulher não pode mais se dar ao luxo de ser frígida, isso é antiquado. O sexo não é mais tabu para as mulheres e se transformou em parte dos seus direitos. Levamos muito a sério a questão da igualdade entre os sexos. E eu que todo esse tempo pensava que a igualdade se referia à vida trabalhista, à realização profissional e à educação! Já era hora de deixar de ler *Vanidades* e *Buenhogar* e começar a comprar *Cosmopolitan*, a revista da mulher de hoje.

Aparentemente, quem estava mal era eu. Estava vivendo a década dos 1990 com mentalidade do século XIX. Continuava empenhada em cumprir os princípios morais que me inculcaram em casa e no colégio de freiras. Criada dentro de uma sociedade provinciana latino-americana, eu não era exatamente uma garota liberada em termos sexuais. Pelo contrário, sentia-me um estranho espécime que combinava a liberação — quanto a ser uma pessoa que trabalhava para se realizar profissionalmente — com a tradição de ser uma mulher acostumada a seguir quase ao pé da letra as regras que lhe impuseram na infância. De repente, tinha que aprender a viver numa época em que todos os meus princípios religiosos e morais pareciam obsoletos. Eu me sentia como um peixe fora d'água. E não sabia por onde começar a mudança. Tudo o que eu pensava e em que acreditava estava errado. O divórcio tinha destruído todos os meus esquemas, e isso era mais do que eu podia suportar. De repente, a única coisa que eu queria era voltar atrás. Empreender uma corrida em direção ao que foi e pôde ser; refugiar-me naquela idéia de que tudo no tempo passado foi melhor.

Assistindo ao filme da minha vida, parecia-me que tinha vivido num paraíso até que chegou a maçã da ruptura. Estava sofrendo de uma coisa que poderia se chamar síndrome da volta. Qualquer namorado que tivesse deixado uma pequena chama acesa dentro de mim estava se transformando no homem ideal. Eu me perguntava como teria me saído com este ou com aquele, e a esperança de uma possível vitória me invadia. Estava tão apavorada com o simples fato de voltar a começar que não conseguia me lembrar dos motivos pelos quais um dia decidi que aquelas não eram as pessoas que me fariam feliz. Até o meu ex, sim, o mesmo que me levou àquela situação, estava se transformando numa possibilidade, naquela de mais vale mal conhecido do que bem por conhecer. Queria voltar à segurança que tinha antes. Não me importava se o final da relação tinha sido ruim nem com o fato de ter me sentido muito infeliz. Diante dessa perspectiva, tive a certeza de que estava me apaixonando pela loucura. Decidi ligar para o meu psiquiatra para marcar uma consulta enquanto ainda me restava um pouco de prudência.

— O que está acontecendo com você é normal. É outro mecanismo de defesa. Você se refugia no passado porque tem medo do futuro.

— É que as coisas mudaram muito, e eu não sei se vou ser capaz de me adaptar.

— Por que você acha que não vai ser capaz?

— Porque eu não sou assim, e não sei se consigo mudar.

— Não vejo razão para que mude. Tire da vida o que lhe convém; o resto, deixe para lá. O importante neste momento é não entrar em questionamentos sobre você mesma. Se você se sente feliz como é, para que mudar?

— Simplesmente porque todas as coisas nas quais eu acreditava não existem mais.

— Existem dentro de você. Você é como é, e quem gostar de você tem que aceitá-la assim.

— Mas é que não posso continuar sendo uma romântica empedernida, que acredita no amor dos contos e todo esse palavrório. A vida está me demonstrando o contrário, e eu deveria aprender.

— Eu não gostaria que você começasse a questionar os seus sonhos. Deve tentar, apesar de tudo o que está sentindo neste momento, não deixar que o seu divórcio a transforme numa pessoa cínica. Você me disse que foi muito feliz nos primeiros anos do casamento, e isso demonstra que a felicidade e o amor existem.

— Sim, mas também pensei que ele era o homem da minha vida e que era para sempre, e não foi assim.

— E isso não a faz pensar que talvez o homem da sua vida ainda não tenha chegado?

— Pode ser.

— Isso pode ser motivo suficiente para seguir em frente com aquilo que você é e com os seus sonhos.

Não sei por quê, mas sempre que converso com o meu psiquiatra ele tem o poder de me tranqüilizar e complicar a vida ao mesmo tempo. Tenho certeza de que aprendem isso na universidade, numa aula sobre como não ficar sem clientes. Não dá para entender que, quando encontro as respostas para algumas das minhas dúvidas, ele se encarregue de me deixar outra tarefa. Agora que tinha me feito entender que eu não estava ficando louca, mas simplesmente estava confusa, lá vinha aquele brega se meter com os meus sonhos. Na verdade, eu não estava em condições de transformá-los em realidade, e muito menos de começar uma luta para resgatá-los.

Capítulo 8

Os sonhos sonhos são

Em alguma coisa o meu psiquiatra tinha razão: eu continuava tendo os mesmos sonhos. O meu divórcio não me marcou a ponto de eu não acreditar mais no amor, no casal e na família. Também não descartava voltar a entrar numa relação. Pelo contrário, adorei a idéia de ter um parceiro e considero que é o meu estado ideal. Só que naquele momento pensava que o casamento devia ser feito por contratos de quatro anos, renováveis a cada dois. Os sonhos sonhos são. E digo quatro porque, segundo as estatísticas, esta é a etapa mais crítica num casamento e na qual a tendência a terminá-lo é maior. Seria igual a quando a gente aluga uma casa ou um apartamento. As cláusulas seriam semelhantes, pagando-se o primeiro e último mês adiantados e uma suculenta soma por danos causados ao imóvel. Assim, as contas estariam claras desde o começo e tirariam da cabeça da gente a idéia absurda de que a união durará toda a vida. E, o que é pior, que deve durar como um imóvel, que ao final é o que apodrece tudo.

Isso porque, se analisarmos atentamente, o casamento como instituição está em crise. O divórcio é uma praga que está apenas começando. E o motivo é muito simples: o casamento é uma instituição que vai contra tudo aquilo que um ser humano busca na vida. A religião, a sociedade e até o orgulho nos levam e convidam a melhorar, a procurar a superação. Ninguém pensa que vai ficar estagnado no mesmo trabalho toda a vida, ninguém compra um vestido pensando que gostará dele para sempre, nem tampouco compra sua primeira casa pensando que será a definitiva. Se fosse assim, nos catalogariam como conformistas e pobres de espírito, e esse tipo de pessoa não tem lugar numa sociedade em que a ambição marca a pauta e o consumismo está na ordem do dia. No meu caso, o desejo de mudança estava patente até na minha casa. Por alguma razão que eu desconhecia, a mesa que comprei faz alguns anos com toda a ilusão porque me encantava, de repente, de um dia para outro, deixava de me agradar. Estava há séculos ali, no mesmo lugar, mas começava a me incomodar, e quando chegava esse momento não via a hora de tirá-la da casa e trocá-la por outra. A mesma coisa acontecia com os eletrodomésticos ou utensílios de cozinha, chegava ao ponto em que a última novidade substituía o velho, num afã por renová-los e me renovar.

Então, de onde tiramos que o amor por uma pessoa que conhecemos na primeira parte da nossa existência tem que durar para sempre? Pois de uma instituição chamada casamento e de um conceito chamado religião. Mas agora a sociedade está mudando, e embora para muita gente de outras gerações o divórcio seja uma mostra do excesso de liberdade e da pouca resistência que têm os jovens de hoje, assim como de falta de seriedade e compromisso nas relações, acho que a realidade é diferente. A juventude de agora é mais honesta com os sentimentos. As mulheres de hoje não ficam ao lado de um homem só porque não conseguem se manter economicamente, e todos estão conscientes de que os filhos algum dia formarão sua própria família, e ao final nós ficaremos compartilhando a vida com alguém que não nos faz ou não nos fez felizes. Os casais modernos assumem sua inconformidade do mesmo ponto de vista com que assumem o resto da sua existência. Estamos mais dispostos a que, num dado momento, algum dos dois ambicione coisa melhor, a que nossas necessidades sentimentais mudem, e é ilógico que, pelo simples fato de ter assinado um contrato, rechacemos a oportunidade de buscar o nosso bem-estar sentimental. Pelo lado da religião, não há muito o que dizer. A questão é tão simples quanto os "até que a morte os separe" e "o que Deus une o homem não separa", desterrados com alguns milhõezinhos pagos à Igreja para que anule o casamento. Há que se admitir que nisso sim se nota o cacife que têm, já que as leis só podem dissolvê-los, mas quando entra a mão de Deus, pode-se apagá-los de todo como se nunca tivessem existido.

Apesar de tudo isso, nos deixamos levar pelos padrões preestabelecidos e não procuramos lógica nas situações. Nós nos envolvemos na magia do amor e assinamos um papel nos primeiros anos da vida, com o qual amarramos alguém pelos próximos cinqüenta ou sessenta anos. Como se a essa idade, quando mal começamos a crescer como pessoas, soubéssemos o que realmente queremos e obrigando o casamento a suportar toda a nossa imaturidade. E, para cúmulo dos males, a sociedade e a religião, em vez de nos ajudar a não cometer esse tipo de loucura, as apóiam, quando na verdade o que deveriam fazer seria declarar ilegal o casamento antes dos 30 anos, porque ninguém em seu juízo perfeito assina condenações para toda a vida.

Se desde o início tivessem me dito que o casamento ia durar até que um dos dois decidisse o contrário, eu teria estado preparada para a ruptura e a teria aceitado da mesma maneira como aceitei o fim das minhas outras relações. Se o tivesse encarado, como fiz antes, como um simples passo para seguir em frente na busca do verdadeiro amor. Uma forma de crescer sentimentalmente, da mesma forma que fazemos profissionalmente.

Além disso, pensando num casamento por contratos renováveis, tenho certeza de que as possibilidades de que durasse seriam maiores. As pessoas saberiam que o seu contrato vence em tal data e que haveria ofertas de outros lados. O resultado seria que, se as pessoas estivessem satisfeitas com aquilo que tinham, lutariam para mantê-lo e conservar aquela felicidade sem se deitar sobre os louros. No dia em que ambos decidissem renovar o contrato, teriam melhores garantias de se sentirem satisfeitos com a nova negociação, e alguém engoliria o conto de que novamente tinha feito o negócio do século. Por outro lado, não haveria sentimentos de culpa se alguma das partes decidisse não renovar o contrato por ter encontrado sócio melhor ou simplesmente por querer se lançar num negócio individual. O mundo inteiro aplaudiria sua decisão, porque, afinal de contas, estaria se superando e progredindo ao procurar novos horizontes. Comemorariam com você essa nova etapa de crescimento sentimental, e os contratos que tinha assinado no passado se transformariam numa demonstração de sua experiência no assunto e não em fracassos, como atualmente se consideram os divórcios.

Se alguma coisa aquele momento da minha vida estava me ensinando é que sem saber, sem me dar conta, sem ter sido consciente, aquilo que assinei quando me casei não era apenas um contrato amoroso, também era legal. Agora que me encontrava diante da dissolução, diante da divisão de bens — que mais pareciam *maus* —, o sonho de amor se transformava num pesadelo de discussões e desacordos. O meu psiquiatra tem toda a razão quando diz que o casamento é uma sociedade, só que se engana no que diz a respeito dos investimentos. De fato, investi sentimentos no início do negocinho, mas na hora de dividir, a divisão era de dinheiro. Por fim, os sentimentos e os sonhos ninguém podia dividir, terei que dá-los por perdidos. E se alguma coisa estava começando a ficar clara era precisamente que, ao contrário do que fiz quando fundei a sociedade, quando se tratava de números, era melhor subtrair tudo o que estivesse relacionado com o que eu sentia, pois corria o risco de que o meu sócio me deixasse na falência sentimental e econômica.

— A única coisa que quero é que tudo isso acabe. Estou cansada de todo esse estica e puxa. Minha paz não tem preço — comentei com um membro do clube.

— Por quê? O que aconteceu?

— A divisão de bens é um martírio. E olhe que o nosso divórcio é tão civilizado que até compartilhamos o advogado, mas é extenuante este 'o que você leva, com que eu fico'. Por mim, ele que fique com tudo.

— Não seja boba. Agora parece que a sua liberdade não tem preço, mas daqui a alguns meses você não verá da mesma maneira e vai se sentir bem desconcertada se não pensar com a cabeça fria. Contas acertadas conservam amizades, e contas acertadas quando alguém se divorcia equivalem a divorciada feliz e sem problemas econômicos.

— Sim, mas tenho urgência em assinar o papel. Sinto que, enquanto não o fizer, não vou ter a autorização legal para seguir em frente. É como não ter enterrado o morto. Enquanto não assinar, é a mesma coisa que se estivesse apodrecendo na sala da minha casa. E até já começou a cheirar mal.

— Pois tampe o nariz, mas não deixe que o desespero e o cansaço tomem a decisão por você.

Adeus ao sonho de me divorciar civilizadamente! Era obrigada a defender os meus direitos e a não me deixar levar pelo cansaço que me impelia a deixar tudo para trás e seguir em frente. Tinha urgência em me sentir uma pessoa livre de todo mal, incluindo meu ex-marido, para retomar minha vida sem fantasmas. Não queria iniciar uma relação e me dar a oportunidade de explorar o mercado quando o morto ainda estava quente e abanando o rabo em volta. Apesar de tudo, no meu caso existia de fato a possibilidade de voltar a começar quase do zero. Não tinha filhos, por isso o meu casamento era uma relação que não implicava contato obrigatório com o ex ou a ex-família. Eu só precisava daquele papelzinho que chegaria por correio como confirmação oficial da minha solteirice.

De segunda mão

Queria voltar a me apaixonar, sonhava encontrar aquele alguém que reunisse as condições necessárias para brincar de casinha novamente. Estava certa de que o homem da minha vida não tinha chegado ainda e que o meu ex se reduzia à categoria de preâmbulo. Mas onde ia encontrá-lo? Era um fato ineludível que aquele homem inteligente, carinhoso, honesto, sensível, compreensivo e com um grande senso de humor não ia estar me esperando nos famosos bares de solteiros e muito menos

nos inventos modernos para encontros amorosos. O possível pai dos meus filhos não podia estar lá.

As possibilidades tinham diminuído drasticamente em comparação com a quantidade de galãs que me rondavam quando eu tinha os meus 20 anos. A realidade era uma só: tinha entrado num mercado onde o que me tocaria certamente seria de segunda mão, porque um homem que aos 30 e poucos ou 40 estivesse solteiro com todas as qualidades que eu estava procurando, sem dúvida devia ter alguma coisa errada. O mais certo é que eu ficasse com um divorciado, porque a outra opção seria um viúvo, e a simples palavra me parecia tétrica. Substituir alguém que foi para o céu não é o mais recomendável, porque dizem que não há noiva feia nem morto ruim. Em compensação, com um divorciado não existe esse problema, porque certamente a ex está cheia de defeitos e passou de feiticeira a bruxa.

A minha única opção no momento era desmoralizante, porque me meter numa relação com alguém que tivesse filhos incluídos no pacote era uma possibilidade que não dava para catalogar exatamente como o melhor achado. Unir-se a uma pessoa com filhos de outro casamento, com uma ex que liga o tempo todo para consultar a respeito das crianças e perguntar pelo cheque da pensão, é assumir que há uma parte da vida do seu marido que não lhe pertence e não lhe pertencerá nunca. Ali você sempre será uma intrusa, quando não, o que já são palavras mais fortes e ódio assegurado, aquela que destruiu o lar, a madrasta. Um cenário nada animador para a Cinderela e para todas nós que crescemos com a idéia de que esse papel é o equivalente da maldade.

Além disso, com a mania de propriedade que as mulheres apaixonadas têm, o fato de saber que o seu amor tem outras obrigações sentimentais que não a incluem é uma coisa que pode complicar sua existência. Como não tive filhos no meu casamento, considerava que, se fosse ter essa experiência, oxalá fosse a primeira vez para os dois. Parecia-me chatíssimo que a chegada do meu primeiro filho fosse a segunda, terceira ou quarta vez para o meu cônjuge. Que todas as minhas queixas e mal-estares durante a gravidez não estivessem cercadas apenas de ternura e compreensão, mas também de comparações em que a outra saísse ganhando por ser mais forte do que eu. Em poucas palavras, não queria que a chegada do meu primeiro filho fosse alguma coisa como a reencenação de uma peça na qual eu não sabia se a minha atuação seria melhor ou pior do que a da primeira protagonista.

— De onde você tirou essas idéias tão absurdas? — disse-me um amigo divorciado e com filhos. — A chegada de um filho sempre é emocionante, não importa quantas vezes se repita. Além disso, seria a primeira vez com você.

— Que consolo! Agora a de segunda mão sou eu!

— Você e suas idéias! Por favor, não repita isso, porque é a pior propaganda para nós.

— Por que não, se é a verdade? Agora, além de pais e cunhados, os homens vêm acompanhados de ex-mulher e filhos. Definitivamente, vocês com o tempo vão se desvalorizando cada vez mais.

— Entenda isso como parte do pacote, e quando se apaixonar, nada disso vai lhe importar.

— Nem pensar. E não estou em idade de ficar agradando a ninguém. Você sabe perfeitamente que com os anos a gente vai perdendo a paciência. Pois eu não tenho mais paciência para ganhar ninguém. Ainda nem apareceram no horizonte e já os odeio. Cordialmente, mas odeio.

— Veremos quando se apaixonar.

— O fato de me apaixonar não significa que vá virar amnésica. Já passei pelas relações com a família dele e, creia, não foram um mar de rosas. Da próxima vez vai ser conscientemente.

— Isso não existe. O amor anestesia, nos transforma em idiotas, ou por acaso você não se deu conta de que, para quem vê de fora, as pessoas apaixonadas beiram o ridículo?

— Ou seja, tenho que me resignar a um futuro em que viro idiota e no qual o ridículo fará parte da minha personalidade.

— Quando chegar lá, não verá dessa forma; é como um carma, e o pior é que você acaba gostando. Mas antes que esse dia chegue, faça o favor de não pensar tanto. Leve as coisas com calma porque, de resto, a única coisa que você vai conseguir é se enrolar.

Levar as coisas com calma. Era a primeira vez em todo o processo que essa frase fazia sentido para mim. Estava há tanto tempo tentando, primeiro, lutar com a minha dor, e depois, me encaixar na nova etapa, que tinha me esquecido de deixar as coisas tomarem o seu curso. Já tinha cumprido integralmente todas as fases do divórcio, tinha iniciado minha vida de solteira, tinha passado de maneira medianamente vitoriosa pela entrada no mercado de novo e, pela primeira vez, estava disposta a simples, singela e sinceramente não me preocupar com nada.

Eu me sentia cheia de uma grande paz. Havia chegado a hora de parar de uma vez por todas de lutar contra o que a vida me impusera. Eu me envolvi no clichê dos divorciados que tentam inutilmente refazer a vida, sem me dar conta de que não tinha nada para refazer, eu tinha uma vida, só que diferente da que vivia há um ano. O mundo ao meu redor estava mudando, e eu era mais uma vítima de todas essas mudanças que estavam ocorrendo. O amor não durava mais para sempre, existia a possibilidade de voltar a começar, e um novo mercado e uma nova forma de relacionar-se estavam tomando conta do amor.

De certo modo, estava acontecendo com a forma como eu via a vida, com os meus sonhos e as minhas expectativas a mesma coisa que com as novas tecnologias. Sentia que me atropelavam e que eu não ia conseguir alcançá-las nunca. Ao princípio me negava a usá-las. Assim foi com o microondas: não quis comprar um durante anos porque achava inútil. Não precisava dele para esquentar uma xícara de leite por dia. E, por mais que me dissessem que servia para muito mais, eu continuava teimando em que não estava entre as minhas necessidades. No entanto, no dia em que me mudei de apartamento e a cozinha veio com um aparelho desses incluído, comecei a usá-lo e em pouco tempo já não podia viver sem ele. Estava na mesma com relação à minha vida. Nunca cozinharia tudo no microondas, porque há coisas que só ficam boas quando feitas no fogão. Da mesma forma, continuaria acreditando no amor, acreditando que não teria que buscá-lo, que ele viria, mas que no caminho podiam ocorrer outros tipos de relação que não precisavam de fogão para ficar no ponto. Em poucas palavras, entendi finalmente que o mundo das relações tinha evoluído da mesma forma que a tecnologia, e a única coisa que eu podia fazer era embarcar nessa evolução, ou ficaria para trás e obsoleta. Não precisava ser a mais *tecnológica*, mas podia aprender a administrar decentemente os novos avanços amorosos.

Mas no caminho para a alta tecnologia das relações dei com uma descoberta fascinante. Estava tão concentrada nas coisas que tinha perdido que nunca me dava ao luxo de pensar nas que estava ganhando. De fato, perdi um marido, perdi um casamento, perdi a vida como a conhecia nos últimos seis anos, mas também tinha me perdido nesse tempo. Agora estava me reencontrando com a pessoa que deixei de ser de muitas maneiras enquanto estive casada, em nome de ceder na convivência para que a festa transcorresse em paz. E estava empenhada em me resgatar. O amor podia esperar, porque antes eu tinha que recuperar a mim mesma.

Capítulo 9

Sozinha por opção

Que eu estava sozinha era um fato inegável, mas agora tinha decidido aproveitar a solidão e transformá-la na minha melhor aliada. Estava no momento de investir em mim, de me reencontrar comigo e deixar de lado os desejos e expectativas dos outros.

Durante toda a minha vida, da mesma forma que tantas mulheres, meu comportamento se limitou a agradar aos outros e atuar de acordo com o que esperavam de mim. Era o produto de uma sociedade machista em que as mulheres deviam ser complacentes, submissas, débeis e tolerantes, além de ter o costume de antepor sempre os desejos dos outros. Quando me casei, esse padrão de comportamento não mudou, ao contrário, aumentou a tal ponto que agora eu me dava conta de que no caminho renunciei a muitos dos meus gostos no afã de cumprir o papel da esposa perfeita. E a esposa perfeita era uma mulher submissa e abnegada. Foi o que vi na minha casa, uma mulher que revoava ao redor do meu pai e que vivia no culto ao homem. Agora podia me dar ao luxo de só pensar em mim sem que me tachassem de egoísta. Não tinha ninguém mais a quem agradar além de mim.

Por que será que é tão difícil para nós, mulheres, pensar somente em nós, enquanto nos homens isso é parte da sua personalidade? Imagino que isso se deve ao fato de que eles aprendem a ser egoístas no útero materno, e quando nascem desenvolvem também a inexplicável habilidade de nos fazer sentir que as egoístas somos nós. Qualquer coisa que não estejamos dispostas a fazer por eles transforma-se numa intolerante falta de amor, já que tendem a medir os sentimentos de acordo com a capacidade que tenhamos de preencher suas necessidades. Na mente masculina, a única responsabilidade válida é o trabalho, o resto é coisa de mulheres, e, portanto, estamos obrigadas a facilitar a vida deles a todo momento.

Mas agora eu era a única pessoa a quem devia demonstrar amor e entrega. Todas as minhas energias estavam a serviço da minha própria satisfação. Podia aproveitar coisas que durante os anos de casada se transformaram em motivo de briga ou no mais mortal dos pecados. Que delícia poder ler um livro antes de dormir até a hora que tivesse vontade sem ninguém me mandando apagar a luz! É que os homens também têm a grande facilidade de torcer as coisas a seu favor. Porque para eles, mergulhar no futebol ou no seu programa de televisão favorito é uma forma de descansar a cabeça, já que os coitadinhos trabalham tanto. A idiota era eu, que não entendia as necessidades dele. Mas Deus o livre se fosse eu que precisasse descansar a cabeça! Isso era um gesto de desconsideração e de abandono. Ele podia pedir que eu apagasse a luz, mas se eu estivesse com sono, não havia motivo para que não conseguisse dormir com ou sem luz. Mas como somos covardes, porque não existe outra palavra para nos definir quando se trata de amor, nem me passava pela cabeça fazer valer os meus direitos, porque ele jogava a frase mágica que me partia o coração: "É que eu não consigo dormir se você não me abraça, então é melhor você parar de ler e se aninhar comigo". E tudo passava, porque a ternura me invadia, apoderando-se de qualquer tentativa de sublevação.

Eu podia chegar em casa sem pensar que o meu trabalho continuava na cozinha. Se não queria cozinhar, não importava, porque não tinha ninguém para alimentar. Da mesma forma, perguntas como: "Onde está a minha camisa azul?" ou "Você não foi pegar a roupa na lavanderia?" brilhavam pela sua ausência e pela maravilhosa sensação de não me sentir culpada por não ter cumprido os meus deveres de esposa abnegada e cuidadora oficial do lar. Até porque, não importava que eu também trabalhasse e chegasse tarde, a responsabilidade era somente minha, e se o leite não estava na geladeira ou faltava seu cereal favorito, eu me sentia uma péssima esposa.

Enfim, isso era coisa do passado.

Podia fumar um cigarro sem sentir que seria melhor corneá-lo, porque nesse caso era a mesma coisa. Inclusive a ofensa teria sido menor. Não tinha que ir obrigada à missa para agradar à sogra nem que me submeter a tardes intermináveis procurando assunto para conversar com os pais dele e tentando me encaixar na tal família política. Mas nem se atreva a queixar-se, porque qualquer mulher que se preze sabe que a maioria dos homens não aceita as indelicadezas nem os defeitos da sua família. E que uma esposa os faça ver isso é um sacrilégio. A família dele é perfeita, e sua mãe, uma santa. Esse poder de negação e de se fazer de cegos é uma coisa que nós devemos aprender a assimilar desde o início, e seria bom que nos ensinassem isso num curso pré-matrimonial. Mas talvez as cegas sejamos nós, que não nos damos conta de que a própria palavra diz tudo: política, um termo que encerra uma grande diplomacia, paciência e muita resistência.

Seja como for, nada disso fazia mais parte da minha vida atual, e para o futuro devia prestar mais atenção às frases feitas que tantas vezes ouvi minha mãe dizer e repetir. Isso por si era apavorante — refiro-me a dar razão à minha mãe. Mas, definitivamente, não há nada mais verdadeiro do que aquela história de que a gente também casa com a família do marido. Como se já não fosse suficientemente difícil compartilhar a vida com a pessoa que você ama, também tem que tentar se dar bem com uma série de pessoas com as quais a única coisa que tem em comum é o amor por ele. Não há dúvida de que o casamento às vezes parece mais uma prova dos chamados "tortuosos caminhos do Senhor" do que uma bênção, como querem nos fazer crer.

Tinha chegado a hora de refletir, não sobre os problemas ou erros que houvesse cometido no passado, mas sim sobre as partes da relação que não me fizeram feliz. No meio da dor da perda, é fácil se esquecer das coisas más e idealizar as boas. O medo de deixar para trás o que conhecíamos e de mudar nos leva a uma saudade absurda daquilo que perdemos, e não nos damos tempo para contabilizar os lucros. Agora eu me perguntava se valera a pena ceder, calar e me conter tantas vezes pelo simples fato de ser uma boa esposa. Tinha que aprender a dizer não, a opinar, embora isso fira os sentimentos da pessoa amada; defender o meu lado e procurar acordos em vez de acatar não são sintomas de egoísmo, teimosia e falta de consideração com os outros. São parte integrante daquilo que eu sou como pessoa.

Queria assimilar com consciência tudo aquilo que aprendi como resultado do meu divórcio e durante a etapa posterior. Que não se transformasse em uma coisa semelhante à dor de parto, que se esquece até a próxima vez. Como tudo na vida, sempre há coisas resgatáveis. Eu estava empenhada em que o cinismo não se apoderasse de mim e me transformasse numa mulher incrédula e amargurada, dessas que vêem os homens como fonte inesgotável de dor e desencanto. Sabia que isso não seria fácil. Eu não era mais a mesma de antes, e embora as feridas estivessem curadas, restavam as cicatrizes do medo de voltar a sofrer e da desconfiança. Seria muito difícil voltar a acreditar no final feliz da história, e eu não me entregaria mais com a inocência e a ignorância de quem pensa que pode mudar a pessoa amada. Tinha razão quem disse que a ignorância é atrevida, e eu tinha chegado ao casamento com os sonhos intactos. Os sonhos de uma adolescente, não os de uma mulher feita que tinha sofrido e que na dor conseguiu recuperar a si mesma.

Capítulo 10

O reencontro

Não sei se há alguma parte do nosso cérebro encarregada de curar as feridas do coração e de apagar a dor, a tristeza e o desengano. De repente você desperta para descobrir que já não pensa nele, que faz dias que não dói, que se lembra dele só quando quer fazê-lo. É como quando uma criança pequena começa a falar: não sabe em que momento conseguiu juntar as palavras para formar uma frase e surpreende-se com um feito do qual não teve consciência. A dor vai embora da mesma forma. Por isso imagino que deve haver mesmo alguma parte no cérebro que serve como catalisador, ou talvez seja verdade que o tempo é o grande aliado em questões de esquecimento.

Parecia mentira quando voltei a vê-lo. Não podia acreditar que o tivesse amado tanto, devia ter sido em outra vida, porque se fosse nesta ao menos teria sentido algum tipo de emoção. Tinham me falado tanto para tomar cuidado com a síndrome da volta, aquela que nos leva a querer dar marcha a ré e que coloca muita gente novamente na cama com o ex. Ao que parece isso acontece, e muito. Numa tentativa de recuperar o que foi perdido, pensamos que um novo encontro passional e amoroso pode reviver aquilo que já não existe. Inclusive para alguns a paixão que os tinha abandonado se renova com esses encontros e até se vendem a idéia de reiniciar a relação, como se um bom encontro sexual fosse a solução para todos os seus problemas. Às vezes funciona. Não para que o casamento continue, mas para pôr fim ao luto. É como um ponto final na relação ou o equivalente a um enterro. Embora por si a situação implique um tipo de enterro, em muitos casos cria falsas expectativas e, em vez de dar o fechamento, leva embora todo o processo de cicatrização.

E ali estava eu, tentava achar as palavras para me comunicar com ele e sem ter nada que dizer. Procurava os motivos pelos quais um dia senti que ele era o homem da minha vida e... nada. Como se, de repente, aquela aura de homem maravilhoso que eu tinha colocado nele o tivesse abandonado e restasse somente a realidade de um ser comum, que não me fazia sentir nem cócegas. Se tivessem me dito no início do processo que isso ia acontecer, eu teria me ofendido. Não era possível que alguém que eu tinha amado tanto e com quem cheguei a contrair matrimônio pudesse se transformar num ser que não me inspirasse nem um mau pensamento.

Isso me lembra muito a sensação que tenho quando me vejo nas fotos dos anos 1980 com sapatos de plataforma e ombreiras, e me pergunto como era possível que eu me sentisse linda com uma coisa tão antiestética. Foi essa a sensação que eu tive ao voltar a vê-lo. Como se o amor fosse uma questão de moda, e o coração um estilista qualquer que se encarregasse de impor as últimas tendências quando considerasse necessário. Meu ex tinha ficado reduzido a um par de sapatos de plataforma ou a umas ombreiras exageradas, ou, o que é pior, àquele famoso corte de cabelo ao estilo de um boneco horroroso chamado Alf. Eu tinha usado tudo isso, tinha posto tudo isso em cima de mim, mas também pensava que era uma época da moda que eu não queria que voltasse, e a mesma coisa acontecia com relação ao meu ex.

Vendo-o sentado à minha frente, não podia deixar de me perguntar o que me fez sentir que ele era o homem perfeito. Mas o amor é isso, vestir de cor-de-rosa a pessoa que não é adequada. Definitivamente, o amor é um péssimo conselheiro, e os hormônios, uns ingratos. Como podia ter sentido tanto desejo e amor por alguém para depois não sentir nada? Houve uma época em que isso teria me parecido impossível. Recordava as vezes em que, assistindo a um filme, nos parecia irreal que um casal se separasse civilizadamente depois de ter se amado muito.

— Você acha que isso pode acontecer com a gente? — eu lhe perguntava.

— Não, é claro que não. Eu nunca poderia me sentar num restaurante para me despedir de você, e muito menos com essa frieza. Além disso, não seja negativa, isso não vai acontecer com a gente, nós nos amamos muito.

Mas ali estávamos, sentados à mesa de um restaurante naquele que seria o nosso último encontro como casal. Exatamente no lugar onde nunca imaginamos estar. Pensava: não é que a vida dê muitas voltas, é que não avisa quando vai dá-las. A próxima vez que nos veríamos seria fruto da casualidade. Que ironia! Há cerca de apenas dois anos o fato de saber que ele ia viajar me fazia doer o corpo todo; não concebia a vida sem ele. E ali estávamos, conversando sobre coisas sem importância e com o fantasma do amor parado às nossas costas. Tínhamos nos transformado em mais uma estatística, e a tristeza me invadiu até os ossos.

Começamos a chorar como crianças, e com um último abraço dissemos adeus a todos os nossos sonhos, às viagens que nunca chegamos a realizar, às metas que queríamos alcançar, aos filhos que nunca vieram, ao amor que não sabíamos em que se tinha transformado e àquele pequeno mundo que com tanta esperança criamos um para o outro.

Com um simples "adeus, amor" eu me despedi de uma etapa da minha vida em que tive a sorte de ser feliz. Não tinha mais forças para continuar alimentando a dor e o rancor. A nostalgia tinha se apoderado da saudade, já não via o ontem como uma perda de tempo e não queria esquecê-lo. Queria me lembrar dele como uma coisa que foi bonita enquanto durou. Nunca teria nada de mal para dizer dele, inclusive lhe agradecia por ter me amado tanto a ponto de me jurar amor eterno na frente de um altar. Não podia renegar uma pessoa a quem eu também tinha amado e que significou tanto no seu tempo. Não me importava que as pessoas esperassem de mim comentários feios sobre o meu ex. Até me ofendia quando as outras ficavam esculhambando os seus ex, e mais ainda quando continuavam sendo os pais dos seus filhos. Não, eu não tinha me equivocado de pessoa, naquele momento escolhi bem. No entanto, as pessoas mudam, mudam suas necessidades sentimentais, e o amor vai embora com elas.

Tinha aprendido a gostar do meu passado e do meu ex com o carinho que temos às coisas que perdemos, com a resignação de quem já não quer nem precisa achar respostas. Queria enterrar o meu casamento da mesma forma que se enterra um ente querido e guardar dele a minha melhor lembrança. Sim, o meu morto estava vivo, e não existia uma cerimônia respeitosa para lhe dedicar. Não havia flores, nem amigos, nem convites, nenhuma marcha divorcial, nem um vestido especial, mas havia uma aliança que simbolizava a união. Numa cerimônia íntima, dedicada a mim, peguei a aliança, levei-a a um joalheiro e pedi que mudasse o estilo e na parte de dentro gravasse a data do meu divórcio. Esse aro seria o símbolo daquilo que foi e a lembrança de um grande amor. Afinal, o passado é só isso, uma eterna lembrança.

Capítulo 11

É preciso colocá-lo numa camisa-de-força

De início não reconheci a sensação. Sabia que já a tinha vivido, mas não conseguia identificá-la. Como acontece com o cheiro dos perfumes, remontei à época do meu primeiro amor. Sim, o meu coração parecia empenhado em provar a felicidade novamente. É que o coração não entende de razões. Não sei quem disse essa frase, mas, definitivamente, o coração sabe de apetites e não de razões.

O meu tinha passado por uma intoxicação e um jejum que, aparentemente, não lhe ensinaram nada. Ele decidiu, sem me consultar, que já era hora de voltar a jogar. Como se eu não contasse. Que ele tinha pior memória que a minha era um fato ineludível, porque tinha se esquecido de tudo o que passamos e das promessas que fizemos um ao outro de esperar um tempo prudente.

Sempre me perguntei se realmente é o coração que rege as questões sentimentais ou se são os hormônios. Se for uma questão de hormônios, acho que já é hora de inventarem pílulas para o mal de amor. Assim como existem medicamentos para controlar os problemas de tireóide e de menopausa, deveria existir alguma coisa para acalmar as palpitações, as borboletas no estômago e os suores repentinos que fazem a gente ficar parecendo um cavalo de corrida. Qualquer tratamento que não tenha nada que ver com raciocínio, porque é muito difícil competir contra um desequilíbrio desse tipo com simples frases como "isso já aconteceu com você, tome cuidado". O problema não ia se solucionar com um antiácido ou respirando num saco de papel para acalmar a deliciosa ansiedade. Aquilo era tão grave que nem os remédios vendidos com receita médica surtiriam efeito, porque depois de ter passado por um divórcio, acho que o mais recomendável é um tratamento psiquiátrico. Tinha que estar louca para me deixar levar pelo coração sem pelo menos tentar resistir. Dava vontade de colocá-lo numa camisa-de-força até que recuperasse a prudência, ou, ao menos, até que me fosse possível raciocinar com ele. Mas sabia que isso não adiantaria nada; desde que o senti bater e me fazer agir como um adolescente rebelde, soube que não era um aviso, mas uma confirmação. O meu coração tinha decidido ignorar o inquilino da *penthouse*, como tantas vezes, e sua única explicação era que estava cansado de que o "inquilino" tivesse sempre razão.

— Mas ele tem, coração. E você precisa ser consciente de que não é muito confiável para essas coisas.

— Não, não tem. O que acontece é que ele vive amargurado, e como está acima, pensa que é Deus.

— Mas se você decide tomar o controle agora, vai acontecer o que muita gente fala, e por isso as mulheres divorciadas têm essa má fama. Você vai ficar louco e, o que é pior, eu é que carregarei a má fama.

— Você se engana de órgão, quem dá má fama é a vagina, não eu.

Ele tinha razão, mas a vagina, diante do despertar do coração e dos hormônios, estava pronta para começar a trabalhar novamente. A coisa estava ficando preta, porque se antes todas as minhas fadas madrinhas confabulavam contra mim, agora o meu próprio corpo entrava numa greve contra a inércia amorosa. Minha cabeça dizia: não, não seja tola, você já esteve ali e não há nenhuma necessidade de provar novamente aquilo que já deu errado. Meu coração era de opinião que teria que ir com muito cuidado, mas valia a pena tentar a sorte de novo. Os meus hormônios nem entendiam o que estava acontecendo: dedicavam-se a revoar dentro de mim numa festa com direito a fogos; e a minha vagina simplesmente esperava ansiosa a ordem de partida.

Eu andava como uma menina, e até me esqueci de que tinha 30 anos. Não estava para necessidades e emoções tão fortes. Talvez até estivesse confundindo tudo, e os sintomas e batimentos do meu coração não fossem mais do que uma pequena taquicardia, as borboletas no estômago, um sinal de que o divórcio tinha causado gastrite com úlcera, e os suores estivessem mais para uma menopausa prematura. Eu me negava a acreditar que estava me apaixonando novamente, mas não havia a menor dúvida. A única coisa que eu podia fazer era levar as coisas com calma e não deixar que o louco do meu coração tomasse as rédeas do assunto, e muito menos que entrasse em acordo com meus hormônios, porque então a queda seria inevitável.

Não era fácil. Ninguém conseguiu explicar até o dia de hoje, por mais que se saiba sobre os hormônios e circuitos cerebrais, o que acontece no nosso corpo quando o amor chega. Não há nada que explique os motivos pelos quais uma pessoa em especial faz você se sentir dessa maneira e outras a deixam fria. Tinha um pavor incontrolável de voltar a me equivocar e, por mais que tentasse, não conseguia me desprender da desconfiança e do medo de que voltassem a me ferir. Pela última vez, decidi procurar apoio num dos sócios do clube dos divorciados.

— O que é que eu faço? Acho que estou a ponto de cair na mesma encrenca.

— Como assim, o que é que você faz? Deixe-se levar.

— Mas isso seria ir contra todas as coisas que estabeleci para mim. Não quero voltar a sofrer, e prometi a mim mesma que isso não voltaria a acontecer tão cedo. Inclusive tenho certeza de que a minha mãe vai pensar que eu não guardei luto suficiente.

— Minha querida, o seu coração já decidiu por você, e não há mãe nem morto que o detenha. Além disso, se você não tentar, não vai saber se vale a pena. Talvez o homem da sua vida esteja chegando e o luto tenha terminado para você.

Bem, cada um faz o luto do seu jeito. Há pessoas para quem os processos são mais longos e outras para quem são mais curtos. E, no caso de morto vivo, a questão também era semelhante. Se eu estava me apressando, podia se considerar que estava na etapa de "consideração". Isso mesmo, como nos países onde, quando morre alguém, as pessoas se vestem de preto fechado ao princípio; depois, passam a uma etapa chamada "de consideração", em que continuam de luto, mas já podem usar cores como o branco e o bege, até chegarem à fase em que as cores voltam a fazer parte do vestuário. Se eu me encontrava nessa etapa de transição, não tinha problema, devia aproveitar do mesmo jeito sem pensar que tudo na minha vida devia ter um caráter definitivo. Afinal, o "definitivismo" é dado pelo tempo, não pelo momento.

Além disso, estava diante de uma nova confabulação. Desta vez para me fazer retornar às lides do amor. Não via mais na cara dos meus amigos e familiares aquela expressão de "coitadinha, quando voltará a ser feliz?" que eu tanto odiava. E, embora tenha sido muito difícil fazê-los entender que eu era feliz, só que sozinha, perante os embates do meu coração todos mudaram para uma expressão em que se misturavam a cumplicidade e a idiotice.

O mais triste é que estava me acontecendo a mesma coisa; e eu me enrolava no meu edredom de plumas não para chorar, mas para me regozijar com as minhas recém-estreadas lembranças. Tinha me esquecido de como era bonito e delicioso se sentir amada, ter alguém que preencha sua vida, e do simples fato de saber que alguém pensa e se preocupa com você. Era um erro impor prazos ao amor quando ele nos faz tanta falta. Ele chega quando quer, sem avisar, e sua chegada é a prova irrefutável de que você está pronta para voltar a começar.

Decidi dar uma nova chance a esse sentimento com a certeza de que uma má experiência não é a definitiva. Com a maturidade que nos dá não a idade, mas o sofrimento. Além disso, tinha comprovado na próría carne que a dor vai embora, e a esperança retorna intacta. Se eu consegui sobreviver a um divórcio com todas as suas implicações, não seria qualquer outra dor de amor que me mataria. Eu era uma veterana das guerras do amor, marcada pelas feridas do desamor. Não era mais uma menina em busca do homem dos seus sonhos, era uma mulher em busca de alguém que fosse capaz de tornálos realidade.

Este livro foi composto em GoudyOldSt BT
para Editora Planeta do Brasil
em julho de 2007

Cut By: Francisco. Qty 28 Date 29-Sept-

Scanned By: ______ Qty ______ Date ______

Scanned Batch ID's

______ ______ ______

Notes / Exceptions

______